JN098045

音から学ぶ小学生英語

行正り香

Rika Yukimasa

新泉社

「英語の靴」を、
娘たちにはかせてあげる

　私は高校時代まで、単なる「ビリギャル」でした。成績はどん底、部活動も補欠、褒められることなど一つもない高校時代でした。そんな私に、ある日父が人生を変える言葉を投げかけました。「り香ちゃん、もう、お金がもったいないから、大学には行かんでいい。高卒で働きなさい。特技はなくても、何か"まし"なことはあるやろ。半径5キロ以内で一番になれるものを探して、それを仕事にしなさい」と。

　唯一「まし」だと高校の先生に褒められたのは、英語。ABBAの「ダンシング・クイーン」を口ずさんでいたときに、英語の先生から「行正さん、文法はまったくダメだけど、発音はましね」と言われたのでした。褒められたことは、それ以外には何もありません。他に選択肢がなければ、答えは簡単です。「私、英語の先生になる」と父に伝えて、1年間アメリカ留学に行かせてもらうことにしました。

　その後、アメリカで出会ったホストファミリーのおかげで、高卒で働くはずがコミュニティーカレッジに入学。大学に進むつもりもなかったのに、UCバークレー（カリフォルニア大学バークレー校）に編入、政治学を学んで卒業することができました。

何一つできなかった私が、一つ、英語ができるようになったことで、世界が変わりました。日本に戻ってきたら広告代理店に就職することができ、すばらしい先輩や友人に出会いました。海外での仕事をたくさんさせていただき、いろんな発見にも恵まれました。

　会社の先輩に助けていただきながら料理の本を出し、英語の料理本も出し、NHKワールドジャパンの番組にも出演させていただきつつ、「あら、私はなぜここにいるのかしら?」と時々不思議に思うこともあります。でも一つだけハッキリ言えることは、「英語という靴」をはかせてもらっていなければ、今の私はないということです。

　子どもが生まれて両手に抱いたとき、娘たちの耳元にささやいたことがあります。それは「料理と英語はママが教えてあげるね」ということです。この二つは、私の人生を豊かにしてくれた技術です。料理はレシピが読めるようになれば難しくはありませんが、英語習得までの道のりは、決して楽ではありません。娘たちへのたくさんのトライ&エラーを経て、やっと、どのようにすれば英語を教えられるか、何が効果があるか、どん

な教材がいいか、そのパターンが見えてきました。そして結局、私の会社で娘たちに使ってもらう教材を作ることにしました。

　教材を制作する過程で、小中学校の先生にお話を伺ったら、「英語を教えることが苦痛で困っている」とおっしゃる先生にもお会いしました。「授業が辛くて、円形脱毛症になっちゃったよ」と笑顔で頭をかかれる姿を見たときは、「その苦痛をなんとか取り除いてあげたい」と心から感じたものです。私も親として子どもの英語教育に悩んできました。でも、もっと困っておられる先生も、たくさんいらしたのです。

　娘の英語教育をなんとかしなければというミッションと、英語教育で困っておられる方々との出会いから作り始めたのが英語音読アプリの「カラオケEnglish」。目指したのは、娘たちが英語の基礎を手に入れることができ、英語を教えた経験がない先生や親ごさんが、ボタン一つで子どもの学ぶ力を引き出すことのできる教材です。

　現在、「カラオケEnglish」は、私立の小中学校だけでなく、公立の小中学校でもご活用いただけるようになりました。少しずつ先生や子どもたちのお役に立てていることを、心から

嬉しく思っています。

　本書は、小学校英語をしっかり学ばせたい親ごさん、そして英語を教えるのに困っておられる先生に、私の体験したトライ＆エラーをお伝えし、「カラオケEnglish」を活用した英語の学び方をご提案する本です。『ビリからはじめる英語術』は大人のやり直し英語学習のご紹介でしたが、本書は小学生の「学ばせ方」になります。

　時代は変化しています。デジタル教材がある時代、子どもに英語を学ばせるのに必要な条件は、親や先生の「英語力」ではありません。必要なのは子どもの気持ちを「想像する力」と、子どもの未来を考える「思いやり」、そして何より継続させる「工夫」です。

　子どもに英語を学ばせるのは、長い道のりです。マッターホルン級の山を登らせるようなことでもあります。でも山道はきちんと整備されていて、登るための道具もそろっています。だからDon't worryです。子どもたちと手をつなぎ、道端に咲く花を眺めながら、楽しく山を登っていきましょう。

行正り香

Contents

はじめに　「英語の靴」を、娘たちにはかせてあげる —— 002

第1章　**英語教育の背景** —— 009

第2章　**自分の体験と子どもの未来** —— 021

第3章　**日本におけるこれからの英語教育** —— 029
English Study Tips 1
平等よりも、才能にフォーカスを —— 038

第4章　**大人が意識すべき10のポイント** —— 041
English Study Tips 2
英語学習を継続すれば、自信も生まれる —— 055

第5章　**小学校英語の学び方** —— 057
English Study Tips 3
大人の英語学習 —— 067

第6章　**対談|佐野賢一先生×行正り香** —— 069

第7章 **英語の何をどう、学ばせるか？** —— 077

English Study Tips 4
音読は最強の英語学習法 —— 100

第8章 **どんな教材で、英語を学ばせるか？** —— 103

English Study Tips 5
「真の英語力」を楽しく身に着ける
「カラオケEnglish」の学校実践 —— 127

第9章 **カラオケEnglishの活用の仕方** —— 131

第10章 **終わりに** —— 175

第 **1** 章

英語改革の
背景

ますます広がる
「IT＆英語格差社会」

　ちょっと真面目なお話ですが……今、日本の教育が揺れ動いています。新型コロナウイルスをきっかけに、既存の教え方、学び方に大変革が求められ、ICT教育などにあまり積極的ではなかった親も学校も興味を持たざるをえない状況になったからです。

　ITリテラシー（基本的知識）を持つ者、持たざる者との間で、学びの格差も生まれています。ITリテラシーがあれば、学びをストップする必要はありません。生徒は新たな情報を学び、友だちとグループ学習をし、オンラインで評価してもらうことも可能です。でもITリテラシーがなければ、学びはストップしてしまいます。

　今まで日本は、ITを活用したビジネスや教育の面で世界に後れを取ってきましたが、新型コロナウイルスをきっかけに、IT化に向けていっせいに動き出しました。でも英語教育はというと、長年改革を目指してがんばってきたにもかかわらず、「大学入学共通テスト」における民間試験の活用が見送りになったことで、改革のチャンスを失ってしまいました。

　改革の頓挫は、「受験生の経済的状況や住んでいる地域によって機会に差が生まれ、経済的に恵まれない生徒に公平性を担保できない」というのがその理由の一つでした。でも、この決定を聞いて私が最初に感じたことは「一番損をするのは、『経済的に恵まれない』生徒たちなんだろうなぁ」ということです。

　国がそもそも民間の試験を活用しようとしていたのは、現行の大学入試の英語試験が、IT教育同様、グローバルスタンダードに対応できていないことが明らかだからです。長年「読む・聞く・書く・話す」の4技能の重要性がうたわれていたにもかかわらず、

大学入試は「読む・聞く」の2技能が中心です。「話す」技能に関しては、受験生の能力を入試でいっせいに測ることは難しく、試験の仕組みを新たに作るのは、想像を超える多大な時間と労力がかかってしまいます。

そこで出てきたのが、「独自で4技能テストを作るより、実績のある試験を受験に活用して、グローバルスタンダードに追いつこう」というアイディア。「入試という出口」を変えれば、「入り口となる学び方」も変わるはず。身につく英語力を公教育で実践するためには、まずは学びのゴールとなる出口から変えてしまおうと考えたのです。これを聞いたとき、私は「思い切ったな、日本！」と思わず拍手をしました。

民間英語試験に反対の方もいらっしゃいましたが4技能試験の内容から考えると、国が目指していた方向は、世界の「常識」に追いつくものでした。私が留学をした何十年も前から、欧米では英語の能力試験は4技能で測るのが当たり前で、試験は民間試験が活用されていました。試験で測る基準も「英語を使って何ができるか？」ということに一貫していました。

グローバル言語になった英語を学ぼうと、ヨーロッパだけでなくアジアの多くの国では、小学校低学年から第二外国語（主に英語）の授業が始まり、幼いうちから4技能を鍛えられるようになりました。英語圏に留学したり、英語圏で働くためには、結局は TOEFL、IELTS など規定の民間試験を受けなくてはなりません。他に具体的な策のないなか、多少の混乱があろうとも、日本の民間英語試験活用は、世界の潮流に乗るチャンスだったのです。

紆余曲折の末、2020年度以降の大学入試でも2技能（書く・読む）を中心に据えて英語の能力を測ることになりました。この決定に「行き過ぎた平等主義が、日本の未来を潰してしまうのではな

いか?」と、私は心底落ち込んでしまいました。

　民間試験活用中止で最も損をしたのは、先に述べたように、経済的に余裕がない状況にある子どもたちだと思います。なぜなら、「4技能を習得し、4技能を試験で測る」という世界の流れは誰にも止められないからです。今回の改革では見送りされても、いずれは4技能を測る試験が実施されるのです。また試験は変わらなくても、私立高校の入試では英検の級を持っていれば内申点が上がり、大学入試ではAO入試が増えているという事実に変わりはありません。

　英検2級や準1級を持っていれば、小論文とディベートだけで大学に入ることができる、「英語ができる人にお得な制度」も世の中で増えています。入試や就職という勝負どころで得をすることがわかっているなら、経済的に余裕のある家庭は、就学前から子どもに4技能英語教育を受けさせるべく動き始めます。

　公教育の4技能対応が先延ばしになればなるほど、余裕のない家庭の子どもたちはチャンスを失い、余裕のある家庭の子どもたちとの「英語力格差」がついていくのです。

　「小学校から英語をやるべきか、4技能を教えるべきか?」また「パソコンを持たせるか、持たせないか?」などと議論をしている場合ではありません。この変化の時代に議論すべきは、IT教育や小学校からの英語学習は必須と受け入れ、「いかに効率よく、必要な技能を学ばせるか?」ということです。

なぜ日本人は英語を学ばなくてはならないのか?

「自動翻訳機があるのだから、英語を学ぶ必要はないじゃない

か?」とおっしゃる方もいます。でも、それは違います。英語の情報が自然に入ってくるようになれば、得られる情報量が何倍にもなります。多角的な視点から物事を観察・分析できるようになります。一気に視野が広がるのです。

　もちろん、英語を使わずに一生問題なく過ごせる人もたくさんいます。でも、新たなビジネスのアイデアも日本語で調べるしかないし、作った製品を売る相手も日本人しかいません。今後人口減少に直面する子どもたちが生活を築く上で、ビジネスができるターゲットが日本人だけでは経済活動が小さくなるのです。

　私たちが生まれ育った時代と、子どもたちが社会に出る時代では大きく変化しています。高度経済成長はとっくに終わり、今は終わりの見えないデフレ時代を生きています。経済でいうと、過去20年間、日本の名目GDP（自国通貨ベース）はほぼ横ばい。同じ期間でアメリカは2倍以上、ドイツとフランスは1.5倍以上、中国は10倍以上になったといわれています。

　日本の物価も少し上昇してきましたが、世界の人々にとって日本はもはや「安い国」になっているのが現状です。私たちが昔アジアの国々に行って「なんでも安い!」と感動していたように、今は外国人が日本に来てそう感じているのです。長い間物価も賃金も上がらず、人口は減る一方の日本は、私たち親が生まれ育った国とは、まったく違う国になっていきます。

　新型コロナウイルスの感染拡大は、日本だけでなく世界経済に大打撃をもたらしました。この影響で私たちの暮らしがどのように変わっていくか、子どもたちの未来がどうなるか、親である私たちが必死に、スピード感を持って想像しなければ、今までと同じような世界で生きていける確証はありません。「いい大学に入り、いい会社に就職すれば一生安泰」という方程式は、すでに音を

立てて崩れています。

　20年後、30年後に別の問題が降りかかっても、子どもたちが社会で働き、サバイバルするためには、どんな技能が必要か？ 今、学校や塾の先生も、国も、手探りの状態です。だからこそ、親は自分の子どもの教育を人任せにせず、自分なりに工夫し、デザインし直していくしかありません。

 ## 子どもたちが将来必要な技能とは？
学びとは？

　私が娘たちの未来を考えて出した結論は、「彼女たちには、世界の人と対等に仕事ができるコミュニケーション力、そしてそれらをバックアップする感性と技能を、できうる限り与えよう」ということでした。その上で必要だと感じたのは、「一緒に働きたいな」と思ってもらえるような性格や態度、そして以下の4つの力です。

❶ **母国語である日本語力**
❷ **英語力**
❸ **ITリテラシー＆デザイン力**
❹ **リベラルアーツから学べる創造力**

　まず日本で生きて働いていくならば、英語力以前に日本語力は必要不可欠です。企画書を書くのも、プレゼンをするのも、オンライン会議ならば尚更のことしっかりとした日本語力がないと何も始まりません。また、英語力はあらゆる情報を世界から取り入れ、海外の人と一緒に働いたり、国外のマーケットで即戦力になったりするために必要です。

　ITリテラシー＆デザイン力があれば、ウェブサイトを作れるよう

になったり、動画や画像を編集できるようになります。情報をわかりやすくデザインすることができれば、簡単に情報を発信できるようになります。

最後に掲げた「リベラルアーツから学べる創造力」は、私がアメリカの大学教育で体験したものです。ビジネスや生活で活用できる「問題発見力」や、豊かに生きる教養として、与えてあげたい力です。

リベラルアーツという言葉は聞き慣れない人も多いと思いますが、欧米では体系化され、きちんとカリキュラム化された教育課程です。日本の大学ではICU、上智、早稲田、立命館などが取り入れています。リベラルアーツを取り入れた大学では、最初から学部を選んで受験するのではなく、天文学、歴史、政治、文学、音楽、美術、人類学、経済、政治など、幅広い分野を横断的に学んでから専攻分野を決めるように設計されています。これは多くの大学がリーダー育成に力を入れていて、「創造力を持つには、専門知識のみならず、幅広い分野の基礎知識や教養が不可欠である」という強い理念を持っているからです。

リベラルアーツの必須科目で印象的なのは歴史や芸術です。歴史は近代の戦争の歴史を学び、戦いの原因を掘り下げていきます。大切なことは「いつ何が起こったか?」ではありません。「なぜ、起こったのか? どうすれば回避できたのか?」と物事の本質を問い、自分なりのアイデアを創造することです。

例えば私は、UCバークレーの芸術クラスで音楽鑑賞を取りました。ある時の試験は「ラヴェルのボレロ を聴いて、最初から最後まで演奏されている楽器を順番どおりに書き出しなさい。また、なぜ作曲家は、この楽器の順番にしたと思うか、エッセイを書きなさい」というものでした。

大学のホールでボレロを何十回も聴き、楽器の名前を覚え、音を細やかに分析し、過去の作曲家の立場で物事を考える練習に、当時は重要性を感じませんでした。でも仕事を始めると、「あの時私は、多面的な考え方や創造力を持つ練習をしていたのだ、そして音楽を通じて人とつながるための教養を育てていたのだ」と改めて気がつきました。

　海外では、小学校のうちからリベラルアーツの学びを体験できるようになっていますが、日本ではなかなかありません。だから私は、子どもたちを小さな頃からコンサートや美術館、科学館、博物館などに連れて行き、戦争については『火垂（ほたる）の墓』や『はだしのゲン』『ライフ・イズ・ビューティフル』など、テレビで放映があるたびに一緒に見て、自分が知っていることを話してきました。歴史を知り、人の立場に立って考えること、そして芸術に触れることが、未来の彼女たちの身を助けると信じているからです。

　日本語力、英語力、ITリテラシー＆デザイン力、そしてリベラルアーツを学んで得られる「創造力」。この4つが、私が娘たちにプレゼントしようと決めた「未来を生き抜くための力」です。

パソコンを与えないというのは、未来を奪うということ

　私は2003年に第一子を、2005年に第二子を出産しました。ちょうどアメリカではインターネットを活用した学習が少しずつ始まっていた頃です。インターネットという概念が提唱され始めたのが80年代ですが、その後1995年に「Windows 95」が出現し、一気に家庭にインターネットが広がっていました。アメリカでは96年に当時のクリントン大統領が「全米の教室にパソコンを導入し

てインターネットとつなげる」と掲げ、20億ドル（今なら2000億円）もの予算を組んだことがビッグニュースになりました。私も衝撃を受け、「数年後には日本の学校にもインターネットの波がくるぞ！」とワクワクしたものでした。

　ところが……アジアを含め、世界の教育はどんどん新たなステージに進んでいるのに、日本の教育現場には待てど暮らせどテクノロジーの波は到達しませんでした。日本では、公教育のレベルが世界的に高かったこともあり、必要性を感じる人が少なかったのも一つの理由でしょう。娘たちは公立の小学校にお世話になりましたが、そこではすばらしい先生にたくさん出会いました。個人的にはICT教育は重要と思っていましたが、そんな必要性は感じない人も多くいたと思います。

　また娘たちが小学生の頃は「ゲームは危険」「パソコンは有害」というイメージもあり、新型コロナウイルス出現の今日まで、子どもにパソコンを買い与えることを躊躇する時代が続きました。

　私自身は、「娘たちにパソコンを与えない」という選択肢はありませんでした。それは英語と同様、インターネットを通じて学べる情報やデザイン技術は、これからのサバイバルに不可欠だと思っていたからです。

　娘たちが小学校に入ると同時にパソコンを用意し、タイピングから教え始めました。ちなみに、タブレットではありません。タブレットはあくまでも何かを読んだり見たり、「受け身で活用する機械」です。ITリテラシーを学ばせるなら、キーボードがついていて、自分が作ったものを編集したり音声をつけたり、何かを創造できるパソコンでないと意味がありません。

　子どもにパソコンを教えながら、「いつかは日本の教育も変わるだろう」と待っていましたが、日本の重い腰は動かぬまま。公教

育が変わるのを待っていたら、子どもたちはあっという間に大人になってしまうと思い、私は「自分でできることを、やらなくちゃ！」と、2007年に会社を辞め、まずは退職金と貯金をすべてはたいて（笑）、会社の同僚（木津孝次郎さん、山形知広さん）の力を借り、学習コンテンツを作ることを決めました。始めたことは、子どもたちがリベラルアーツに触れるためのウェブサイト「なるほど！エージェント」の制作です。

なるほど！エージェント

地球温暖化、第二次世界大戦、原子力、税金、産業革命、ロボットなど、子どもが興味を持つ内容を、動画で伝える学習サイトです。製作費は有限ですので（笑）、作ったトピックは「もし私がこの世からいなくなったら、娘たちに伝えたい100のこと」というテーマで選びました。だから「いじめ」も「女性と仕事」も「般若心経」なども入っています。娘たちに読んでほしい『ビルマの竪琴』『二十四の瞳』『赤毛のアン』などの読みきかせ動画も、入れました。リベラルアーツに興味がある方には、ぜひ見ていただきたい無料サイトです。

➲ http://www.naruhodoagent.com/

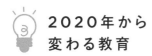

2020年から
変わる教育

　私が生きてきた時代は、先人がやってきたことを学んで何かを真似して作り、改良し続ければ生きていける時代でした。でも娘が生きていくこれからは違います。インターネットや英語を使って世界中から情報を集め、世の中の流れを読み取る。マーケットやターゲットを考え、未来に起こる問題を見つけ、そしてその解決方法を考えていく創造力や発想力、形にするデザイン力、発信する技術力が求められるようになります。

　今までは、日本の教育、特に小学校公教育のレベルは世界から高い評価を得てきました。一方でリベラルアーツとICT教育を合体させ、小学校から学習させていくSTEAM教育の分野では、先進国に後れを取ってしまいました。STEAMとは、Science(サイエンス)科学、Technology(テクノロジー)技術、Engineering(エンジニアリング)工学、Art(アート)芸術・教養、Mathematics(マスマッティクス)数学の頭文字をとったもの。アメリカ、中国、北欧やシンガポールなどで、STEAM教育を中心に「未来を生き抜くスキル」を学ばせる戦略が確立されてきました。

　先進国がSTEAM教育を通してAI時代に備えた教育を固めている間に、日本人が変わらず続けてきたことは受験勉強です。子どもも親も、学びの目的は「日本で試験を勝ち抜くこと」。日本人に必要な忍耐力を備えることはできましたが、変わりゆく未来に備えるための教育デザインという観点からは、少しだけずれていったような気がします。

　そんななか、ようやく文部科学省(以下、文科省と略)は、学習指導要領と大学受験共通テストを改革する計画を打ち出しました。

また、経済産業省（以下、経産省と略）も、デジタルを活用し、人の創造性や課題解決力を育み、個別最適化された教育を実現化すべく、「未来の教室」プロジェクトやEdTech研究会を立ち上げました。世界を見れば、教育に求められる変革は待ったなしの状況です。経産省が立ち上がり、変化する教育現場がICT教育を充実させるチャンスを創造しているということは、本当に素晴らしいことだと思います。

　英語に関しては、小学校では2020年から3・4年生で「外国語活動」が導入され、5・6年生で「英語が教科化」されました。小学校では、英語という言語だけを学ぶのでなく、世界の人とコミュニケーションが取れるよう、いろんな文化が存在することを学び、興味が持てるようなカリキュラムも組まれました。さらに英語を教えた体験がない小学校の先生をバックアップする外国語指導助手（ALT）の導入も進み、体制は整ったように見えます。

　では、そうやって用意された新しい道を進めば、すぐに子どもたちの英語力がアップし、使える英語を手に入れるキッカケをつかめるのでしょうか？　私は、それは難しいと思います。私たちの子育てと同じように、何事もスタートしたばかりのときはすべてが手探りです。有能な小学校の先生も、ALT（外国語指導助手）の講師も、そして親も、たくさんのトライ＆エラーを重ねながら、最良の道を見つけていくしかありません。人に頼ったままでは、その間に子どもは大人になってしまいます。

第 **2** 章

自分の体験と
子どもの未来

私はどうやって
英語を学んできたか

　具体的に「子どもの英語の学ばせ方」についてお話をする前に、私自身のバックグラウンドについてお話ししたいと思います。

　英語学習において、私に何か特別な素地があったかというと、まったくそうではありません。福岡県出身で、周りに外国人がいたわけでも、話すきっかけがあったわけでも、英語塾に通ったわけでもありません。英語の学習はアメリカに留学するまではすべて公立中学・高校です。当然ながら学びは典型的な昔風スタイル。英語を「生活の道具」としてではなく、「学問」として暗記する学び方でした。黒板の前に座り、先生の文法の解釈を聞き、単語やフレーズを暗記して、テストで確認する。授業中は先生が9割くらいしゃべっていたイメージですが、おそらく今の中学・高校や塾も、それほどスタイルは変わらないでしょう。

　このような学び方で英語力も底辺であった私に手を差し伸べてくれたのは、留学先で出会った短大の先生でした。外国人の学生は、英語力がある一定レベルになるまでESL（English as a Second Language＝英語を母語としない留学生が履修する英語クラス）のクラスを取りますが、その先生の授業スタイルはそれまでとはまったく違ったものでした。

　文法フレーズを学ぶのは同じですが、先生が一通り説明すると、そのあとは生徒たちが実際に声に出したり、文章を作ったりするのです。日本のように先生が一方的に声を出すのではなく、むしろ生徒たちが声を出すアウトプットスタイル。とてもアクティブで、眠くなる暇などありません。私はそれまで文法が身震いするほど嫌いで、文法用語や構文に恐怖さえ感じていたのですが、ESLの

先生は、「文法はあなたたちを助けてくれるありがたい存在」と伝え続けてくれました。

　教え方はとてもシンプルです。まず、英会話を教えるのではなく、簡単な文法例文から複雑な文法例文までを段階的に教えます。そして、その例文を暗唱し、自分の声を録音してくるように毎日宿題が出されます。声に出し、カセットに録音して発音をそれなりに直してから、先生のところに行って口頭テストを受けます。先生が "might" と言えば、助動詞 "might" を使って英作文をし、合格すれば次の文法に進みます。短大や大学の学びで最も重きが置かれているのは小論文です。文法を学んで最低限の英語力を早く手に入れ、英作文が書けるようになるまで、先生がレベルを引き上げてくれました。

　語学には100人いれば100通りの学び方があります。でも、私がいろいろな学びを体験し、一番役に立ったと感じたのは、この「文法や重要例文を音読して暗唱し、自分で英作文をしてアウトプットを徹底する」という方法でした。

 ## 子どもの未来を考えることは、自分の過去を振り返ること

　「自分はこんなことをやって得をしたから、子どもにもやらせてあげよう」。娘たちが生まれてから、自分の体験を手がかりに子どもの未来を考える機会が増えました。そんな時、常に心の中にあったのは、アメリカのホストファミリーのお母さんに言われた、"Education can not be undone." という言葉です。彼女は小学校の先生でした。その彼女が、「教育はやり直しがきかない」ということをよく言っていたのです。子どもを育てるにはタイミング

や規律が大事。あとからやり直しをしようと思っても、残念ながら、うまくはいかないと。そんなことをよく聞いていたので、「教育は人に任せきりにしたらだめなんだなぁ。私が体験して、よかったと思うことはすべて体験させてあげなくてはいけない」と感じるようになりました。

　私にとって子どもの未来を考えることは、タイムマシーンに乗って、自分の過去に戻るようなことでした。まずはどんなことが一番役に立ったか、どんなことが役に立たなかったか？　と徹底的に思い出すのです。子どもが生まれてから未来ばかり見ていた私は、初めて過去を振り返るようになりました。そして気がついたことは、「ビリであった私を、今の私にしてくれたのは英語の勉強と留学を通じて出会った人たちだったな」ということでした。

　そこである時、娘たちにもいつか留学体験をさせてあげられたらいいなぁと、かかる経費を調べみると、私の時代との違いにびっくりしました。例えば今、アメリカの大学で学ぼうとすると、学費だけで公立の場合は年間600万円ほど、私立ならそれ以上かかります。私の時代から10倍ほど値段が上がっているのです。その上、高い生活費、住居費、渡航費や保険、お小遣いがのしかかってくるので、結局一人年間800万から1000万円はかかる計算です。仮に年間1000万円とすると、4年間で4000万円。二人分で8000万円。子どもの4年間の学費だけで、手取り1億3000万円くらいは稼がないといけません。オンラインでもすばらしい教育が受けられる時代に、「そんなお金をかける価値があるのだろうか？」と私は愕然としてしまいました。

　子どもたちが生きる未来は、大学を卒業したからいい仕事につける、あるいは入社した会社が終身雇用してくれるような世界ではありません。留学は間違いなくいい体験にはなりますが、こ

れだけお金をかけて、よい仕事につける保証もありません。また、仮にアメリカで就職するならば、4年生大学を卒業しても、あまり意味がありません。アメリカは日本以上に学歴社会です。大学院でマスター（修士）を取って初めてスタート地点に立つことができ、Ph.D.（博士）を取ってようやくトップリーグに入団、という厳しい世界なのです。大学院までいくことを考えると、一人6000万から1億円コースです。これはもう、普通の人は留学をあきらめざるをえません。

最初に大切にしたい 母国語教育

　子どもに英語を教えることは大切だと感じながら、私が言語以上に大切だなと感じたこともありました。それは「娘たちに日本人としてのアイデンティティを与える」ということです。島国で育ち、当たり前に日本文化というバックグラウンドを持った日本人にとって、アイデンティティ（国や民族、組織などへの帰属意識といったもの）という概念はわかりにくく、私自身、アメリカで暮らすまで存在すら知らなかった言葉です。でも、いろいろな文化がミックスされたアメリカに住むと、「あなたはどの国を、どの文化を自分のアイデンティティとするのか?」という質問が繰り返されることに気がついたのです。これは会話だけでなく大学入学や就職のときに提出する小論文の課題にもなるほど、多様性のある社会では重要なトピックなのです。ある意味、文化的バックグラウンドが違う人が集って共生するアメリカやヨーロッパにとって、アイデンティティ・チェックは、避けては通れない安全点検のような存在なのかもしれません。

　日本以外の多様性ある社会で生きていくには、しっかりとした

文化的バックグラウンドを持っておかないと、人はどこにも属さないような、どの社会にも満足がいかないような、不安定な感覚になってしまうと聞きます。友人の中には、アイデンティティ・クライシスにおちいって、精神的に苦労する人もいました。私が生まれたときから当たり前に持っていた「日本人としてのアイデンティティ」は、実はお金では買えないほど価値があるものだということを、外国に行って初めて知りました。だから子どもを持ったとき、まず私が思ったことは、「日本という国や文化、そして言語が好きな日本人にしてあげよう」ということでした。

　海外で働く、もしくは海外に住み続けるならば、日本語の読み書きができなくても、お祭りや花火、宮崎駿さんの映画や初詣のことなど知らなくてもかまいません。でも、日本で日本人を相手に働くなら、企画書を書くのも資料を読むのも、プレゼンをするのも、対象とする相手は同じバックグラウンドを持つ日本人となります。そうなると、ある一定レベルの高度な日本語力と共有できる体験や価値観は不可欠となります。また言語的に、日本語、英語、ともに4技能を完全に使いこなせるバイリンガルになるのは難しいのが現実です。日本で英語だけを中心に学ばせると、「日本語の読み書きは苦手」となり、結果、英語ワンリンガルになってしまうこともあるのです。

　自分の子どもたちはどこで仕事をするのがいいのかな？　どこならしあわせに生きていける確率が高いのかな？　と思いを巡らせたとき、私はやっぱり「自分の生まれた国を好きになり、日本に住むという道を残してあげたい」と強く思いました。これまで北米、アジア、ヨーロッパと留学や仕事でいろいろな国を見てきましたが、日本に対してどんな不満があっても、一歩外に出れば、日本の医療制度、交通や教育などのインフラ、安全や食文化、そして

格差の少なさや日本人のモラルの高さなどは、世界のトップレベルであり、客観的に見て住み心地のよい国だと思ったのです。

 ## 失敗した
幼児期の英語教育

　私の娘たちの場合、まずは母国語を大切にしようと、6歳くらいになるまでは日本昔話の絵本ばかり読み聞かせました。そしてジブリ作品から『ドリフターズ』、『男はつらいよ』から『クレヨンしんちゃん』まで、私自信が「好き！ 学びがある！」と思った日本の映像コンテンツも、どんどん見せていました。英会話教室にもトライアルで行ってみたり、小学校に上がってからは英語学習塾にも通わせ、英語の文法に触れる機会も作りました。でも振り返ってみると、子どもたちの幼児期英語教育には、それほど熱心には関わりませんでした。当時は仕事が忙しく、私は保育園や学童保育に迎えにいくだけで精いっぱい。お金を払って先生にお任せすれば、あとは勝手に育ってくれるものだと期待していたのです。

　でも数年経って、娘たちの英語力はまったく成長していないということに気がつきました。結局幼少期は、親が隣に座って「これは英語で何かな？」と一つひとつ確認し、やらせ続けないと何一つ子どもの身につかないのです。お金をかけてピアノに何年通わせていても、親が嫌がる子どもを毎日ピアノの椅子に座らせ、練習を続けさせなければ上手にはならないのと一緒です。小学校4年生になって、何年も英語塾に通っていた子どもが、ろくに読めない、ろくに書けないことを目の当たりにしたときは、やっぱりそうだったか……と愕然としました。そして遅まきながら、「人任せにしていてはだめなんだ。面倒だけど、私が努力しなきゃ」とい

う当たり前のことに気がついたのでした。

　自分で教えるとなると、無駄なことはできません。果たしてどんな英語学習法が効果的だったか、記憶を辿って思い出してみることにしました。まずは書いて覚える、辞書を引く、ダジャレで単語を覚える、ニュースを聞いてディクテーション（書き取り）する、同じ映画を繰り返し見る、ペンパルを作る……さまざまなことにトライしてきました。でもやっぱり最も効率よく、スピーディーに英語の基礎を学べた方法は「音読だ」と確信しました。それも「声に出しながら重要例文をパターンごとに練習する音読法」です。

　最良の「レシピ」が決まったら、あとは正確にそのレシピを再現し、料理をするのみ。今の時代なら4技能を同時に学べる音読教材があるのではないかと日本、アメリカ、イギリス、オーストラリアなどの英語学習アプリを調べてみました。けれども、しばらくリサーチをして気がつきました。英語を読める大人向けにはたくさんの教材があっても、まだ英語を読めない子どもが例文を音読できる教材はないのです。もちろん私が子どもにつきっきりで、絵本を読み聞かせ、音読をさせればよかったのかもしれません。でも、子どもは二人。同じことを2回するのか、と思うと頭が痛くなりました。子どもの英語教育に真剣に向き合った瞬間に、私は自分の時間という壁にぶち当たりました。そこで自ら動いて作ったのが英語学習アプリの「カラオケEnglish」です。

第 3 章

日本における
これからの
英語教育

世界における
日本の学力レベル

　娘たちの英語教育と向き合うこととなり、英語以外の日本の公教育についても、調べてみることにしました。そこでわかったことは、日本の教育レベルは世界的に高水準であるということです。よく知られているものに、経済協力開発機構（OECD）が3年ごとに実施している学習到達度調査（PISA）というのがあります。世界72カ国・地域の15歳、約51万人を対象に読解力、数学的リテラシー、科学的リテラシーの3分野を調査しています。2018年の最新調査の結果によると、日本人の読解力は79カ国中15位と若干低くなるものの、数学的リテラシーでは中国（北京・上海・江蘇・広東）、シンガポール、マカオ、香港、台湾のあとを追い6位、科学的リテラシーでは中国（北京・上海・江蘇・広東）、シンガポール、マカオ、エストニアについで5位につけています。過去には、2003年に一度順位が急落した「PISAショック」がありましたが（ゆとり教育の影響といわれています）、それ以降はほぼどの教科も10位以内に入っています。

　ところが、こと英語になると途端に順位が下がってしまいます。世界規模で行われている英語能力統計の一つ「EF英語能力指数（EF EPI）」は、インターネットでできる無料の「EF英語標準テスト」（読解力とリスニング力を測定）のスコアを基に各国の英語能力をランキング化したもので、地域ごとの特徴をつかめるようになっています。18年の最新のデータによると、調査対象88カ国・地域のうち、日本は49位。16年の35位、17年の37位から大きく順位を下げ、8年連続で下落が続いています。日本の能力レベルは「低い英語能力」レベルにカテゴライズされているのです。

　ちなみに、お隣の韓国は日本より一つ上の、「標準的な英語能力」レベル。上位には北欧をはじめヨーロッパ諸国がずらりと並びますが、アジアの中では英語が公用語であるシンガポールが3位とダントツで上位に食い込み、続いて香港30位、韓国31位、中国47位、台湾48位、日本49位と続いています。いかに日本が残念な状況かおわかりになるでしょうか。

　多くの北欧諸国やアジアの国々が英語教育に真剣に取り組んでいる背景には「英語はグローバル言語。できるようにならないと、グローバル経済圏に参加できない」という危機感があります。英語が通じる国には当然ながらIT関係をはじめ外国の企業が参入しやすくなり、最先端の頭脳と技術が世界中から集まります。一方、デフレが続く日本は、たとえ「安い国」になっていても、自分たちが持つ技術や人的資源をアピールするだけの英語力がない状態が続いています。

　政府も危機感は持ち続けており、英語教育とICT教育を推進しようとしてきました。文科省はICT環境の整備などを行い、経済産業省はEdTech（EducationとTechnologyを組み合わせた言葉で、パソコンやタブレットを活用した教育）を推進しようと「未来の教室」というプロジェクトを立ち上げました。19年12月には、文科省が「GIGAスクール構想」を打ち出し、さらに2020年になってからは新型コロナウイルス感染拡大による緊急事態宣言を受け、早期実現のための支援も発表しました。

　GIGAスクール構想とは、「2021年までに小中学校の児童生徒に一人1台のコンピューターを用意し、高速大容量の通信ネットワークを整備。個別最適化された、創造性を生み出す教育を実現させる」という計画です。今までは、同じ東京都内においても、一人1台パソコンがあり、Wi-Fiも完備している地域があれ

ば、まったく追いついていない地域もありましたが、GIGAスクール構想で突然、全国にICT教育が広がるチャンスが出てきたのです。

　ちなみに先ほど述べた18年の学力調査「PISA」には、学校・学校外でのデジタル機器の利用状況を問う項目もありましたが、日本は学校の授業（国語、数学、理科）におけるデジタル機器の利用時間はOECD加盟国中最下位です。「利用しない」と答えた生徒は80％もいました。しかし、これまで先進国でありながらカバーしていなかったICT教育が始まれば、教育改革が一挙に進む可能性も生まれました。

小学校英語の問題点

　20年からは、ようやく小学校の英語教育が「外国語活動」として始まりました。この新しい試みに文科省がカリキュラムを作る上で参考にしたのが、CEFR（セファール）が生み出した「CAN DOリスト」と呼ばれる基準です。CEFRというのは欧米を中心に使われている外国語能力を示す国際標準規格のこと。「2技能中心の選択、穴埋めの減点方式」のテストではなく、「英語を使って何ができるか？ What CAN you DO？」を問うテスト基準で、現在ヨーロッパ以外のさまざまな国でも活用されています。

　外国語活動では、スピーディーに「英語でできること」を増やしていくために、私たち親世代が学んだように、簡単な文法から学ぶのではなく、日常会話で使うフレーズを簡単な順番から配列したカリキュラムを学ぶ仕組みになっています。「自己紹介をするとき」「会話のきっかけを作るとき」「外国人に自分の国のことを伝え

るとき」と、細やかに場面が分類され、使う頻度の高い例文（決まり文句）、単語が選ばれています。生徒はモデル音声を聞き、真似をして練習し、コミュニケーションに慣れていくような仕組みです。

　日本は今までモノ作り大国として成功してきた一方で、世界への発信力やプレゼンテーション力が弱く、グローバルな舞台においてコミュニケーション能力が低いとされてきました。よって英語を通じて世界に通用するコミュニケーション能力の素地ができるよう、このようなカリキュラムが組まれたのだと思います。

　外国語活動のカリキュラムは、「生徒が英語に慣れ親しみ、日本や世界の文化を理解して伝えるもの」として楽しく、よくできていると英語教育者からも意見が聞かれました。一方で、このカリキュラムには落とし穴もあります。それは、場面や会話文が中心のため「モデル音声を何度も繰り返し聞いて反復練習をする」機会がないと学びが蓄積されにくいということです。

　大人が韓流ドラマをたくさん見て聞き流し続けても、韓国語で話せるようにはならないのと同じで、英語も聞き流しだけでは上手になりません。学びを蓄積していくためには、聞こえるフレーズを真似して再現し、ルールやパターンをつかんで、丸暗記したフレーズを使いこなす必要があります。

　また、英語を教えた経験のない先生がいきなり英語を教えるのも、ものすごく大変です。自治体にお金があれば、ネイティブの先生であるAET（アシスタント・イングリッシュ・ティーチャー）やALT（アシスタント・ランゲージ・ティーチャー）を雇用して授業に参加してもらえるかもしれませんが、そうでなければDVDやCDなどの教材を頼りに、場面ごとの重要例文や単語を聞いて学んでもらうしかありません。

　また小学校で活用されている「場面で使う英会話」をベースとしたカリキュラムは、面倒な文法を学ぶ必要もなく、一見簡単そう

ではありますが、3年生、4年生でも、いきなり中学校2年で習うような例文も出てくるので、難しいと感じる子どもも多いことでしょう。

"I am..." "He is..." という文章が聞こえても、"I" のあとは "am"、"He" のあとは "is" になるんだよ、というbe動詞の説明はされません。論理が理解できる小学校4年生以降なら、文法を多少は説明してもらったほうが学んだことが定着しやすくなりますが、外国語活動の授業では、「細かい説明はなしで、赤ちゃんがお母さんの言葉を丸ごと真似るように聞いて真似しよう」という設計となっているため、説明はされないスタイルなのです。

学ぶ回数が多いのであれば、繰り返し声に出す練習もできますが、小学校は学習時間が十分にありません。3、4年生が1年間で受ける授業は35時限、5、6年生で72時限です。これではバケツにコップ1杯の水を入れて、太陽の下に放置するようなものです。この授業数で中学校英語に役立つ技能を身につけるのは至難の技です。

限られた時間しかないならば、その時間を分割して、回数を増やす方法もあります。外国語は週に一度、1時間学ぶより、毎日5分でも10分でも学ぶほうが、情報が蓄積されやすくなります。自治体によっては、5、6年生の授業は週に1時間、あとは15分の短時間授業を3回、合計週に4回英語を学ぶといった工夫をして、英語に触れる回数を増やそうとしているところもあります。手間はかかるかもしれませんが、言語学習に適した設計です。

学校は会話中心、 でも試験は文法中心

小学校英語のカリキュラムのベースとなっている「CAN DOリ

スト」は、中学校英語のベースにもなっています。教科書を見ると絵もたくさんあって楽しい作りになっていますが、文法の説明は私たちが学生の頃に比べて極端に減っています。ここで問題なのは、いくら学校英語が「会話中心」になったとしても、文法をしっかり学んでいないと受験や民間資格試験では高得点が取れない仕組みになっているということです。以前、私の姪に「どうやって受験勉強をするの？」と聞いたら、「文法は塾で学んでいる」と返事が戻ってきました。塾に行けない子どもは、文法を体系的に学ぶチャンスが与えられない可能性もあるのです。

　すべて学校任せにしている家庭の子どもと、親が目配りして足りないものを補っている家庭の子どもでは、数年後に大きな「英語格差」が生まれてしまいます。アウトプットを意識した学びを目標に、小学校では英語を学ぶ回数を増やすこと、中学校では文法をカバーするチャンスを増やすことは、英語の基礎を習得させる上で不可欠です。

海外では
どうやって学んでいる？

　ちなみに外国の状況はどうなっているのかを見てみましょう。例えばお隣の韓国は、97年（日本より23年早い！）に小学3年生からの英語学習が必修になっており、授業日数は3、4年生で週1回、5、6年生で週2回です。これは日本と同じ数字です。一方中国は、2001年より段階的に小学校3年生からの英語が必修化されており（日本より20年ほど早い！）、上海や北京では1年生からの必修も珍しくありません。授業日数は、3、4年生が20分授業を週4回以上、5、6年生は20分が2回、40分が2回という組み合わせが多いそ

うです。教育現場におけるAIの活用も進んでおり、スピーキングテストではAIが発音判定をすることもあります。

　台湾も中国と同じく01年より5年生から、05年より3年生から必修化されており、授業数は週2回。タイは96年より1年生からの必修化が始まり、授業日数は1〜3年生が週2回、4〜6年生が週2〜4回です。ドイツは03年から1年生からの必修化が、週2回から始まります（州によって異なる）。ブータンはもっと徹底しており、6歳の義務教育スタートから、国語と環境科学を除くほぼすべての教科が英語で教えられています。国民全員のバイリンガル化を目指しています。ブータンに行ったとき、小さな子どもたちの英語が上手で驚きましたが、その陰には、国王のグローバル戦略があったのです。

　このように、世界の状況を見ているだけでも、日本が英語教育にどれだけ後れを取ってしまったかが一目瞭然です。やるべき、やらざるべきなど議論をしている暇はなく、大人は与えられたカリキュラムを実行し、どのように工夫し、結果に残していくかを議論することが重要です。

　一方で、「英語を教える代わりに何をあきらめるのか？」という議論のないまま、「アドオン（追加）」で学ぶことが増えてしまうのは問題です。このままでは先生も子どももパンクしてしまいます。時間には限りがあるのだから、授業時間や先生の負担を増やさぬよう、何を残して何を捨てるか？を考えていく必要があります。

　例えばアメリカなら、2002年から学校で筆記体を教えることは必須ではなくなりました。カナダでは公用語として義務教育化されてきたフランス語を諦めようかと議論されているといいます。筆記体やフランス語を学ぶ時間を削って、コンピューターサイエンスを学ばせようなど、学びに優先順位をつけて、捨てるものは捨て、

限られた時間を新たな学びに配分していこうという考え方です。

　学びのカリキュラムを考えることは、家計のお金の使い方や税金の使い方と似ていて、想像力が必要です。限られたリソース(お金や時間)の全体を見渡し、未来のことを考え、さまざまな事例をリサーチし、「何を優先し、何を諦めるのか?」イマジネーションをフル活動して考えなくてはいけません。また同時に、トライしてダメだったら諦める、あるいはバージョンアップする勇気も必要です。

　時代が変わるなら、その時代に即した学びのアップデートをスピーディーに行わなくてはなりません。今までは日本の公教育がすばらしかったので親は何も考える必要がなかったかもしれませんが、ポストコロナ時代は、変化のスピードも想像以上です。ついつい細かいことに目がいってしまいますが、先生や自治体と一緒に、教育において何を足して、何を引き算し、どのように未来をデザインしていくか、ビッグ・ピクチャー、「大きな構想」を描く必要が出てきたと思います。

平等よりも、才能にフォーカスを

　デンマーク人の友人にマイという女性がいます。ある時彼女に「デンマークの教育ではどんなことを大事にしているの?」と聞きました。すると、「子どもの才能にフォーカスした教育をする」と返ってきました。ハッとしました。日本では、「平等に機会を与え、平等に教育すること」が大切にされています。その結果、多くの人が平等に同じことを学び、4年制大学を目指すことを大切にします。でもマイの話を聞いて、「個人の才能やレベルにフォーカスする考え方もあるんだ」と目が開かれる思いがしました。

　よく考えれば、父が私に言ったように、誰もかれもが大学教育を受ける必要はありません。勉強が得意な人は大学へ行けばいいし、そうでない人は職業訓練学校や専門学校という選択肢がある。どちらがより偉いといった優劣はなく、社会を成り立たせるためにはいろんな人が必要だから、さまざまな個性や才能を大切にするという考え方です。

　また驚くことに、デンマークには受験がないのだそうです。小学校、中学校と一定の期間を通して成績がよいこと、細やかに行われるテストの結果で、普通科への進学が決まります。もちろん普通科に行かないのが悪いことではなく、普通科に行かない生徒たちは、早くから専門学校へ行き、職業技術を磨いていきます。さらに技能は磨き続けないといけないので、大人になっても生涯学び続ける「フォルケホイスコーレ」という仕組みがあり、豊かに生きる力、そして世界市場で稼ぐ力を絶えずアップデートしていきます。

　デンマークの学びの指針となっているのが「才能へのフォーカス」

です。個人の才能にフォーカスし、生涯にわたって才能を生かした技術を磨いていく。それが一人ひとりに世界と闘う原動力を与え、心地よい豊かな暮らしを生み出す人材を作る、という発想がデンマークにはあるようです。「大学受験」で終わらない、人生を通じた教育のゆるぎない目的を、年齢や時代に合わせて国が明確にすることは、多くの人をしあわせにする国策の一つだと思います。

　一方で、「才能フォーカス型」教育をしているデンマークでも、英語だけは全員にしっかりと教えます。なぜなら仕事で英語は必ず必要になるからです。彼らは常に「世界市場で働く」ということを念頭においています。今でもよく覚えているのは、私がマイの家へ遊びに行ったときのこと。中学生の子どもたちのテストが近かったようですが、彼女は「日本からお客さんがきているから、英語でお話ししましょう」と、子どもたちを食卓につかせました。テスト勉強をするよりも、お客さんと英語でコミュニケーションを取ることのほうが大事だという判断です。デンマークの子どもたちは7歳から学校で週に2回英語を学び始め、13歳からはほぼ毎日、大学になると、講義も英語で聞くクラスが多くなるのだそうです。仕事ができるレベルまで英語力を上げるという目的が明確です。

　「失敗していいから英語で話しなさい」。マイはいつも子どもたちにそう言っていました。小さいうちから英語を話す場を日常的に作り、英語ができると楽しい、仕事の幅が広がるというイメージを、大人が一生懸命作り上げていたのです。日本とデンマークでは国の規模が違うので、すべてが参考になるわけではありません。でも教育に対するアプローチを観察すると、私たちがデンマークや北欧から学べることはたくさんあると思います。

第 4 章

大人が意識すべき
10のポイント

「AI時代、自動翻訳機時代になっても英語は大切だ」
と感じている親ごさんや先生が、子どもに英語を学ばせるとき、
どんなことに気をつければよいでしょうか?
この章では10のポイントを挙げていきます。

POINT **1**

学習年齢と学びの関係を
意識しておく

　多くの親ごさんは、小学校低学年や就学前から子どもを英語学校に通わせても、高学年になると「受験科目にないから」と、パタッと英語をやめてしまう傾向があります。この方法では、子どもたちは中学に入る頃には英語のことは忘れてしまい、ふたたびゼロからやり直しになります。

　中学英語は、当然ながら高校受験や大学受験に向けた勉強なので、2技能(読み・書き)が中心になります。結局「聞く・話す」の訓練は中断したまま大学まで進むため、いくら幼い頃に英会話を始めても、「スピーキング能力のない日本人」がどんどん量産される悪循環が続いていきます。

　小学校高学年で起こる「学びの中断」と同じ現象は、子どもの頃アメリカやイギリスに住んでいた帰国子女にも起こる傾向があります。小さな頃から外国にいて、小学3、4年生で日本に帰って

くると、ペラペラに話せていた英語が話せなくなるケースが多々あるのです。一方、戻ってくるのが5、6年生くらいであれば言語の記憶が残り、バイリンガルに育つケースが多いというのも事実です。

この現象は、人間の脳はある一定の年齢に達し、論理的に理解できるようになって初めて知識が定着し、蓄積されていくことで起こるといわれています。論理がまだ理解できていない時期に学習をやめてしまうと、例えペラペラになってもきれいさっぱり忘れてしまうのです。

どうせ英語を習わせるのなら、最低でも小学5、6年生まで続けなければ意味がないということを認識しておくことは大切です。

POINT **2**

目標は「続けさせる」こと

中断すれば学んだことを忘れてしまいがちな外国語学習において、結局一番大切なことは、「継続すること」です。そしてそれこそが、子どもに英語を教える上で最も難しいことです。子どもはバレエでもピアノでも、誰かがやっていれば「やりたい」と簡単に言います。でもスタートするのは簡単でも、続けさせるには親や先生の工夫が必要です。

私の娘たちも、最初は張り切って英語塾に通っていましたが、しばらく経つと毎週のように「辞めたい」と言ってきました。あの手この手を使ってさぼろうとしていました。でも、英語力はキャリアと同じで、一度捨ててしまったら、取り戻すのは至難の業。子どもたちには、「うちには英語の勉強をやめるという選択肢はない

のよ。やめたかったら家を出ていくしかありません」と言い聞かせていました。

　飽きっぽい子どもたちに何かを続けさせることは、親や先生の大事な役目です。初期段階で必要なのは、英語を嫌いにさせずに続けさせる工夫です。大人は「上手に英語を使いこなせる人がいい先生」と思いがちですが、それは違います。「上手にモチベーションを与えられる人がいい英語の先生」です。

POINT **3**

褒めることが大人の仕事、
学ぶことが子どもの仕事

　大人が仕事をするには理由があります。お金というご褒美がある、社会的意義を感じている、もしくはやらなければ窮地に立たされるからです。これは子どもも同じです。宿題を締め切りまでにやらなければいけない、または受験があるといった窮地に立たされるか、もしくは目に見えるご褒美がなければ、やる気など起こりません。子どもを苦境に追い込むほど厳しく育てる方法もありますが、これは親や先生のエネルギー戦となります。子どもの英語学習を継続させるために有効な策は、「ご褒美をシステム化」することだと思います。何かを終了したらスタンプを押してあげる、特別な場合はシールをあげる、上手になったら発表してもらってみんなの前で褒めてあげるなど、学びを「見える化」して褒め続ける仕組みを作ってあげる必要があります。なぜならば、人間は「褒められたい生き物」だからです。

　私が実行した英語継続の方法は、ひたすら子どもの発音や取

り組みを褒めまくり、「こうしたらいい、ああしたらいい」などのアドバイスは極力与えないことでした。学び始めの段階は、とにかく英語を好きになってもらうことが大切です。

　褒めるコツは、まず褒めるための語彙をたくさん持っておくことです。「すごいね」「さすがだね」「やったね！」「助かるな」「今度英語で助けてね」「頼りになるな」「発音がネイティブみたい」「声がよく通る」等々。身振り手振りで、言葉を変化させながら、子どものがんばりを褒めてあげましょう。

　また家庭学習ならば「ここまでやったら、これがご褒美」と、目標とご褒美をセットで提示するのもおすすめです。ご褒美は、シール、スマホゲームをやらせてあげること、DVDを借りてあげること、You Tubeを見せてあげることなど、いろんなパターンで用意できます。

　お小遣いをあげることを一切やめて、「学ぶこと＝稼ぐこと」として、勉強をしたらお小遣いをあげる仕組みにするのもおすすめです。お小遣いがなければ、ある意味子どもは窮地におちいるため、必死でがんばります。例えば我が家の場合は、下着や靴下は親が買ってあげるけれど、好きなTシャツやお菓子、友だちへのプレゼントなどは、娘たちが自分のお金で買う仕組みにしていました。彼女たちにとっては「英語を練習すること＝生活費を稼ぐこと」なので、必死でがんばりました。

　英会話教室に通えば、交通費も含めて二人で数万円かかります。高いお金を出して、ぼーっと教室で座っているだけより、家で音読をしてお小遣いをあげたほうが、圧倒的に英語が身につくと実感しました。学習効果に加えて家事もできるようになり、生活力も高まったと思います。

　何か一つのことを継続できれば、それは習慣になります。日常

生活のリズムに組み込むことができれば、むしろやらないことが気持ち悪くなってきます。ただし、「習慣化」するまでは、親や先生が褒めるか脅すかして、伴走するしかありません。

　ちなみに、親が自分へのご褒美を充実させる方法も有効です。「来月まで子どもに続けさせられたら、銀座の和光でケーキを買おう」とか、「買いたかったスカーフを買おう」とか、目標を決めて手帳に書き出し、自分を褒めて子どもに続けさせるのです。

　子どもが自発的に何か一つのことを続けて得られる最も大きなものは「自信」です。「続けることができた」という成功体験は、次に何をするにしても、子どもを支えてくれる土台になります。

POINT **4**

「真似したい」という 子どもの欲求を活用する

　ご褒美以外にもう一つ役に立つものがあります。それは「大人の真似をしたい」という子どもの欲求を活用することです。子どもは、親や先生が「やれ」と言ってもやらないのに、誰かがやり始めると、「私もー!」とやりたがります。だから英語を学ばせるためにその心理をうまく利用して、やる気を起こさせるのです。

　娘たちの場合、英語を続けられた一つの理由は、私自身が英語に触れていたからではないかと思っています。例えばいろいろな映画や海外ドラマを英語で見て、笑ったり泣いたり、覚えたいセリフなどを声に出していると「何がそんなに面白いの?」と聞いてきました。

　もしみなさんが英語は苦手なら、この機会に子どもと一緒に学

び始めるのはいかがでしょう。隣に並び、「自分も一緒に学びたいな。できなかったら助けてね」と語りかけてみましょう。子どもは助けてあげるのが大好きです。がんばっている大人も、大好きです。

また、英語がプロの英会話の先生やALTには、「わかりやすい子どもレベルの英語ばかりで対応せず、英語でいろんな話を一方的に表情豊かに語りかけてください」とお願いしてみるのもいいかもしれません。誰かが目を見て語りかけたら、子どもには「理解したい」という本能が生まれます。本能に呼びかけてあげましょう。

POINT **5**

「みんながやってるから」は安心ではない

私たち日本人は、周りの人と比べ、「みんながやっていることをしていれば、大丈夫だろう」と安心する傾向があります。みんなが行く塾や、みんなが通う英語学校に子どもたちを送り込み、中学ともなれば、受験英語をひたすら学ばせます。でも「みんなと同じ勉強」をしていれば、将来、経済的にも精神的にも豊かな暮らしが約束されているわけではありません。

時代にふさわしい教育デザインが日本でなされていたのなら、前章で挙げたPISAの調査でも日本はいまだトップに君臨しているはずですし、経済分野でも世界を牽引できていたはずです。でも現実は違います。だからこれまで正しいと思われ、常識として行われてきたことが、「もしかしたら間違っているかもしれない」

と、親は一瞬疑って考える必要があります。

　英語でよく使われる言葉に、"survival of the fittest"、「適者生存」という言葉があります。これは強い者が生き残る「弱肉強食」ではなく、「世界の変化に適した者が生き残る」という意味です。今までは受験戦争で勝ち残った者が勝つ、勝たせた親や学校が勝つという発想が主流だったかもしれませんが、これからは「変化する未来に創造力を働かせ、フィットしていける者が勝つ」という時代になると思います。

　たくさんの時間を費やし英語や他の教科を学んでいくなら、そして「限られた時間」というエネルギーをかけるなら、「子どもに学ばせていることや学び方は時代にフィットしているか?」と、時に立ち止まって、未来を想像しながら世界を見渡すことも重要です。

POINT **6**

学ぶ内容ではなく、学び方に
問題があることを意識しておく

　子どもに英語を学ばせようと思うと、すぐに学校に通わせたくなります。私もそうでした。でも学校を探す前にすべきだったことは「私自身の英語学習が、なぜ日本では失敗し続けたのか?」という、失敗の原因を探ることでした。英語学習は料理と同じです。失敗したことは次はやらないように避け、成功したことはよりよい結果を目指して、学び方をバージョンアップしていく必要があります。自分が失敗したのと同じ方法を娘たちに与えたのでは、失敗する確率が高くなります。

　民間試験でもそれなりのスコアを上げたのに、英語を実社会で

使えないと嘆く親もたくさんいます。なかには、「日本人が学んできた内容が間違っているから、いつまでたっても不得意なんだ」と不満を感じていらっしゃる方も多いはずです。でも、文科省が小中学校、高校向けに選んでいる文法や英単語、重要フレーズの内容は、世界中で使われている教科書と比べても、大きな違いはありません。お米や小麦粉はどの国で作られていても調理法には大差がないように、英語という言語の素材も、世界共通なのです。

　私が日本とアメリカの両方で英語の基礎を学んで痛感したのは、日本人が間違っているのは学ぶ内容ではなく、学ぶ方法であるということです。戦後英語を学び始めた頃、日本には英語を話せるような先生が少なかったため、英語を学問として学ぶスタイルを形成するしかありませんでした。結果、コミュニケーションを目的とするのではなく、日本人の先生でも教えられる「文法を細かく分類したり、分析、解説をしたり、文法用語を定義していくような学習法」となってしまったのです。授業は「関係代名詞とはなんぞや？」と言語学のような内容で、ルールを説明することが中心となりました。このような「学問的アプローチ」を続け、声に出してコミュニケーションする練習をしなかったのでは、私たちの英語が身につくはずがなかったのです。

　授業で先生と生徒が話す量も、日本では先生が話す割合が圧倒的に多いのが実情です。第2章でも書きましたが、私がアメリカのESLの授業で衝撃を受けたのは、生徒の発言の多さでした。イメージとしては、先生の解説は3割、生徒が声を出す時間は7割です。ひるがえって日本。授業ではいまだに先生が話しているのが7割、生徒が声を出すのは3割くらいではないでしょうか。

　考えてもみましょう。ピアノや水泳がうまくなるには、実際に生

徒が指を動かしたり、体を動かしたりしなくては絶対にできるようにはなりません。本当に使える英語を手に入れてもらうには、「実践させること、アウトプットさせること」に圧倒的な重点をおく学び方に、アップデートしていく必要があります。

さらに日本の英語学習で問題なのは、「日本語を書いて英語を学ぶ習慣があること」です。カフェなどで高校生が受験勉強をしていますが、こっそりノートを覗き込むと、「SVC」「SVOC」という語順の説明や、「関係代名詞と関係副詞の違い」などの説明を日本語で書き出しています。でもひとたび海外に出たら、「関係代名詞と関係副詞の違い」について聞かれるようなことはありません。文法用語を「理解すること」と文法を「使いこなすこと」は、似て非なるものです。

日本の英語学習が、極端な学術的スタイルに偏っていったことには、さまざまな時代背景があったと思います。でも、今はデジタルの時代です。英語を教える自信がない先生でも、話せない親でも、いくらでもネイティブ英語の音声に触れさせることができます。「英語を理解させる」から「英語を練習させる」学習法へと、設計し直すことができるのです。

POINT **7**

「英語を話す」ときに脳で起こる 現象をイメージしておく

英語を学術的に学んでも使えるようにならないのは、「英語を話す」というプロセスが「運動」に近いものであり、その運動をするためには、思っている以上に複雑なデータ処理が脳の中で行

われているからです。

　誰かに「喉が渇いたから水がほしい」と伝えるとします。すると頭の中に「喉、渇いた、水」というイメージが浮かびます。そのイメージを表現するthirsty、water、wantという単語をまずは引き出します。次に主語であるIを加え、すべての単語を英語の語順に並べ替えます。さらにその情報を脳から口に伝え、顔や喉、お腹の筋肉を使って音声化します。その一連のプロセスを瞬時に行わなければなりません。「話す」という行為は一見簡単に見えますが、実はとても複雑です。トレーニングなしにできることはないのです。

　「4技能」という言葉が、日本のみなさんを不安にさせ、学ぶことが増えるかのような誤解を与えていますが、先にお話ししたように「勉強する内容」は変わりません。変えなくてはいけないのは「学ばせ方」だけなのです。アメリカのESLの授業では、一つの文法に対する例文は8〜10個ありました。これらたくさんの例文を生徒が声に出して、脳から口へ、情報をつなげてアウトプットをする練習をしていきます。日本では、1〜2個の例文の「解説」を、先生がアウトプットすることに時間をかけています。「英語を話すというのは、情報の順列組み合わせを脳でさせることだ」と意識しながら、子どもの学ばせ方を変えていく。これが私たちに与えられた課題です。

「聞く」ためは「話す」ことが
大事であると意識する

　小学校時代の英語学習法は、学校も家庭学習も「聞く」が中心です。なかには「英語を流しておけば子どもの聞く力が育つと聞いたので、いつも流しています」と伝えてこられるお母さんもいます。その時、私は返答に困ります。もしお母さんが、子どもが生まれたときから英語だけを流し続け、英語だけのテレビ番組を見せていれば、それは効果があります。でも日本語の生活の中で、ちょっと「聞かせる」だけでは、自然に英語耳になることはないのです。

　音は、聞いた音を自分で再現できるようになって初めて、細やかに聞き取れるようになります。例えば、バッハのインベンションを聞くとします。もし自分でピアノを弾けるならば、「今は左の指がメロディーを演奏している。次はメロディーが右の指に変わる」などと細やかに聞き取ることができます。でもピアノの鍵盤が頭の中に思い浮かばなければ、本当の意味で細やかに聞き取ることはできません。聞くためには、再現する力が必要なのです。

　「子どもたちにはまずは聞く力を」と願うならば、音を真似して再現する力を同時に育てる必要があります。聞き流す方式だけで、子どもに「聞ける・話せる」英語を手に入れてもらえることなど、ありえないのです。

POINT **9**

学びにセルフリフレクションを
取り入れる

女優さんはどんどんきれいになり、歌手はどんどん歌が上手になるのは、いったいなぜでしょう。それは、自分の写真を見たり、録画した姿を見て「セルフリフレクション（自分を振り返って観察する）」を繰り返すからです。

英語も同じです。自分の英語を「録音」して聞き直すことで、発音は格段に上達します。自分の発音とお手本の発音が同じかどうかは、自分で再生すれば一発でわかるからです。

録音した自分の声を聞き返すなど大人にとっては吐き気がするほど嫌なことですが、子どもはこのセルフリフレクションを楽しいと感じます。自分ってこんな声なんだ、面白いな、どうやったらもっとお手本みたいに上手に発音できるかな。うまくいかないと悔しくなって何度もトライし、調整していきます。

POINT **10**

子どもは学習しているフリが
とてもお上手

専門家につけば、学校や塾にさえ行けば、自然と子どもは英語を学べると信じたいのは山々です。でも放置したままだと、私のように、娘たちの成果のなさに愕然とすることになってしまいます。

私は忙しさに負けて娘たちを放置していました。宿題プリントもやっている「風」だったので安心していたのですが、ある時家に戻

ると、次女が友だちを集めて、プリントをみんなにやってもらっている光景に出くわしました。呆れると同時に、「この子はプロデュース能力はあるかも」と感心してしまった（笑）宿題事件です。

　宿題はお友だちにやってもらっても、少しは上達しているだろうと期待していました。ところが何年も経ってから英語塾に通いながらほとんど英語が読めていないことに気がつきました。

　小学校時代はできる限り大人が隣についてあげないと、子どもには何も学んでもらえないことを、私は身をもって体験しました。娘たちが高学年になったとき、そのミスに気づき、英語学習に関しては、伴走者としての役目を果たす覚悟を決めましたが、もしあのまま放置していたら、最後まで何も身につかなかったことは間違いありません。

　子どもは「学習しているフリがとても上手な役者さん」であることを、意識しておくことは大切です。

英語学習を継続すれば、自信も生まれる

　英語を子どもに学ばせるというと、「英検1級や準1級を取らせる」ことが目的のように感じてしまいますが、私が子どもに英語を学ばせた本当の目的は、「社会に出て生きていくための自信を与えてあげたいから」です。

　振り返って考えると、私が料理のプロでもないのに、ホストファミリーのために料理を作る仕事を引き受けたり、料理の本を出したり、英語の学習アプリを出そうなどと考えられたのは、私の中に「根拠のない confidence（自信）」があったからです。

　18歳になるまで英語ができなかったのに、続けたら英語ができるようになった。このたった一つの成功体験が、「今はできなくても、そのうちできるようになる」「今はわからなくても、いつかわかるようになる」と、未来を楽観的に捉え、新しい領域に一歩踏み出すきっかけへとつながりました。

　一方で、18歳になった私が突然、「何かを続けられる人間」になれたかというと、それも違います。小さな頃から、イヤイヤながら続けたピアノ教室やお習字教室、部活動のバスケットボールなどで、「我慢すること」「先が見えなくても言われたことをやること」「怒られても落ち込まない」などの耐久力を身につけました。その結果、英語学習に耐える基礎ができていたのだと思います。

　子どもが小さいうちは、いろんなことに「耐える」「続ける」体験をさせる。そしてある程度大きくなってきたら、キラリと光る何かに絞って、それ以外は諦めてあげることも大切だと思います。24時間は誰にとっても一定です。いろんなことを同時にやり続けていたのでは、

何一つ「できた!」と思える境地まで、辿りつけないかもしれません。

　私の場合は高校3年生のときに、親が大学進学をキッパリ諦めてくれました。そのおかげで英語に集中することができ、結果的に英語で自信を得たことで次の道が切り開けました。

　娘たちの場合は、私が「受験でよい中学校に行ってもらう」という夢を捨て、進学塾は5年生で辞めさせました。そして、娘たちにはこれといった特技はなかったので、「英語学習」一つに全力をつくしてもらうことにしました。受験を早々と諦めたことで、娘たちには新たな道が開けた気がします。

　よほど能力がある人は別かもしれません。でも野菜と同じように、土という栄養分が一定の量ならば、ある程度育ったらよい芽を残し、そうではない芽は諦める「選択と集中」という感覚を、大人は持っておくことも大切です。

　それは、子どもたちが持つ可能性を摘み取るのではなく、「それぞれの個性ある才能を伸ばす」ということだと思います。

第 **5** 章

小学校英語の
学び方

これまでの章では
小学校から英語を学ばせることの大切さ、
そして英語を学ぶ上で、親や先生が意識しておきたいことを
お伝えしてきました。第5章では、実際に小学校から
英語を学ばせるにはどんなアプローチがあるのか、
学ぶ内容はどんなカリキュラムなのかを
少しずつ分解して見ていきたいと思います。

学校の英語の学び方には
2通りのアプローチがある

　小学生の英語の学び方には、ざっくり分けると2通りあります。「場面ごとの会話を中心に教える」方法と、「文法も追加で教える」という方法です。これまでにも述べたとおり、公立の小学校では英語でコミュニケーションができるようになることが目標のため、（第7章でも詳細をお伝えします）、CEFR（セファール）の「CAN DOリスト」と呼ばれるものを基準とした、会話中心のカリキュラムを組み立てています。教科書の単元は場面ごとに頻繁に出る例文がセレクトされていて、文法を教えることのできない先生でもデジタル教材を活用して「音で覚えさせる」ことを目指したカリキュラムになっています。

　一方、私立の小学校によっては「会話文を学びつつ、文法も

体系的に学ぶ」という複合的なカリキュラムを組んでいるところも
あります。私立は英語専科の先生がいる場合が多く、最初から
民間試験の合格も視野に入れているため、be動詞や一般動詞
の基本など、これまで中学校で教えていた文法に早い段階から
触れる場合も多いようです。

公立小学校での 英語の学び方

　公立小学校では、3、4年生は『Let's Try!』を、5、6年生は
『We Can!』という文科省の小学校外国語活動教材をベースと
した学習が主流となっています(2020年からは、5、6年生は『We Can!』
をベースとした検定教科書を活用します)。以前活用されていた小学校
外国語活動教材『Hi, friends!』と比べると、場面の切り取り方
が明確で、実際に使う英会話フレーズが多くなっています。

　自然な会話を展開するために、単語数も例文もたくさん詰まっ
ていて、大人でも楽しく学べるレベルです。文法に関しては、過去
形不規則動詞まで出てきて、中学1〜2年のレベルです。小学校
4年生以上になると、ある程度文法の説明を論理的にしてあげた
ほうが理解しやすくなりますが、英語の先生はいないため、小学
校ではそれができません。よって、多少難しい例文でも、「繰り返
しデジタル教材で聞く」音を中心に学ぶスタイルです。

　「カラオケEnglish」を作るにあたり、いろんな国の教材や教
科書を見てみましたが、文科省が考えた『Let's Try!』や『We
Can!』などの英語教材は、世界基準で見ると、スタンダードレベ
ルだと思います。難しすぎるという批判も多いですが、世界の子
どもたちも学んでいるのだから、日本人もこのレベルをマスター

するしかありません。そしてやることが決まったならば、批判することに時間を費やすのではなく、「どうやったら子どもたちに効果的に学んでもらえるか？」前向きにアイデアを出し合う必要があります。

　ちなみに文科省の学習指導要領によると、今までは、「中学生が学ぶべき」とされた単語は1200語、高校生が1800語程度。でも2021年からの指導要領では、小学生600〜700語、中学生で1600〜1800語となり、中学卒業までに学ぶべき単語数は1200語から一気に2200〜2500語へと倍に増えます。高校生になると、難関大学の受験で出題されるレベルでは最低でも4000語、多ければ6000語だともいわれています（東進ハイスクール調べ）。「え、そんなに増えるの!?」と思われるかもしれませんが、実はこれもまた、世界のスタンダードと比べると仕方のないレベル、英語でコミュニケーションするにはこれだけの単語数が必要だということなのです。2、3歳の子どもの語彙数が600〜700程度の単語だといわれているので、1000や2000語使いこなせるだけでは、実際のビジネス会話が成り立ちません。そういった危機感から、文科省のカリキュラムが組まれているというのを理解し、受け止め、どうすればこれだけのことを学べるか、学びのタイムスケジュールとカリキュラムを組んで、先生も自治体も親もコツコツ前に進めていくしかありません。

　英語は算数の計算と同じです。分数の掛け算を6年生で学ぶならば、掛け算はそのずっと前にやっておく必要があるように、高校を卒業したときに英語で話せる、作文ができることが目標ならば、小学生のうちからbe動詞や一般動詞の基本や英語の音声に慣れていくしかないのです。

私立小学校での英語の学び方

　先に述べたように、私立では民間試験の合格を目標にしているところもあります。小学校から大学までつながっている学校もあるので、「中学校卒業までに英検3級〜準2級（CEFRのA1、A2）を取りましょう」とか、「高校在学中に英検2級から準1級（CEFRのB1、B2)を取りましょう」などと長期的な視点で具体的な目標やスケジュールがある学校もあります（詳しくは第7章）。

　公立では小学校3年生からの授業が必修ですが、私立では1年生から英語の授業を始めるところも珍しくなく、しかも1週間に1時間ではなく、毎日少しずつ授業を行うところもあります。例えば、「カラオケEnglish」を導入されている茨城県の水戸英宏（みとえいこう）小学校では、毎日「カラオケEnglish」を宿題として取り組む仕組みがあります。語学学習で重要なのは、1週間に1回、1時間勉強することではなく、1日10分、繰り返し反復練習することなので、毎日音読する仕組みを作るというのは、効果的です。

　公立小学校の英語学習で決定的に足りないのは、時間そのものではなく、回数です。公立の学校でもモジュール授業を取り入れ、英語に触れる回数を増やすようにしている自治体もあります。自治体の工夫によって、今後は小学校英語の成果に大きな違いが出てくる可能性があると思います。

　教えなくてはならない項目が多いなかで、学校英語を担当する学級担任の先生や親ごさんが、子どもたちに何をやらせてあげればよいのか？「最も大切なこと」を見極めるのはとても難しいことです。細かい学習項目などは後ほどお伝えするとして、ここでは私自身が子どもの英語教育での失敗を繰り返して発見したこ

とを3つお伝えします。

4技能を
同時にスタートさせない

　一番目に大切なことは、「小学校時代から4技能の学習を同時にスタートさせない。まずは音に集中させる」ということです。料理では的確な順番でプロセスを踏んでいくことが大切なように、英語学習にも的確な順番があります。「これからは4技能時代だから」といって、大人があせって小学校低学年のうちから、アルファベットも単語力も書く練習もと、すべてを同時に始めると、結局は何も身につかず、時間の無駄になってしまいます（私の娘もプリントの宿題をしていましたが、書けるようにはなりませんでした）。キッチンにすべての材料を広げ、いっぺんにいろいろなことを同時に始めてもうまく調理できないのと同じです。英語初級者は優先順位を定め、1、2、3と順番を決めて前に進んだほうが効率的かと思います。

　私が自分の経験上ベストだと思う英語学習の学ぶべき順番は、

❶音を中心に「聞く」&「話す」を学ぶ
❷「読む」を学ぶ
❸「書く」を学ぶ　です。

　これらの順番でステップごとに目的を特化して学んでいくのが英語をマスターするための近道です（詳しくは第9章）。このステップは、人が母語を習得する様子を見れば明らかです。赤ちゃんは最初の1、2年はひたすら大人の言葉を聞き続け、頭が言葉でいっ

ぱいになると、ぽつりぽつりと言葉を話し始めます。次は親に文字を指差してもらいながら絵本を読んでもらい、ある程度文字を追えるようになると、書くことに興味を持つようになります。

　逆にいうと、きちんと聞こえないと真似して声に出せず、声に出せないと読むことができず、読めないと書けないということです。だからこそ、初級者は学ぶ順番をミックスせず、まずはひたすらネイティブに近い音声を聞いて、それを真似して声に出させる。そして、それができるようになったら次のステップに進むということが大事になります。英語が聞き取れない子どもに鉛筆を持たせ、紙に何かを書くと「子どもが学んでいる」と安心しますが、実はなかなかその学びは蓄積されません。子どもはただ褒められるために、課題を完了しているだけなのです。

　「聞く力」は、「口で音声を再現できる力」を得て初めて身につきます。だから音声を聞かせながら、同時に声に出させることは初動で踏むべき、最も重要なステップとなります。

小学校英語の
学習で大切なこと **2**

パターン文型を体に叩き込む

　4技能を学習するステップを順序立てることに加え、もう一つ確実に効果があるのは、「パターン文型を体に叩き込む」という練習法です。これは場面英会話例文、文法例文、どちらのアプローチにおいても同じです。

　英語におけるパターン練習は、学びたいフレーズを、「少しずつ」変化させて声に出し、言い換えをしながら練習していく手法です。

例えば文法例文でパターン文型を学ぶならば

I play the piano everyday.
➡ **She plays** the piano everyday.

一人称から三人称に変化させるパターンを学びます。

道を尋ねる場面の例文を学ぶなら

Where do you want to go?
➡ **I want to go** to the station.

Where do you want to go?
➡ **I want to go** to the park.

などと、行きたい場所を言い換えしながら学んでいきます。

　日本の英語学習においては、インプットが重要視されるため、どんどん新しい内容、展開する会話を聞かせる傾向がありますが、私がアメリカのESLで体験した学習法は、どんどん展開していく会話文を学ぶのではなく、特定の例文を使いこなせるようになるまで、繰り返し練習をし、口から自然に出るようになるまで暗唱するという手法でした。

　ちなみにパターン練習が効果的なのは小学生のような初級者だけではありません。中級者の間でも、TED Talksのスピーチを次々に見たり、好きなテレビシリーズを見たり……と、「話がどんどん展開する学習法」で勉強することが流行していますが、これはインプットが増えているだけで、自分でゼロから文を作ったり、

書いたりするというアウトプットにはつながっていません。

　新しい情報がどんどん入ってくるので刺激があって楽しいのですが、よっぽど頭がよくない限り、学んだ英語は記憶に残りません。私は記憶力がよくないので、展開する英会話などでは学べず、同じパターンをしつこく音読することで、英語の基礎を身につけることができました。英語の本にしても、同じ本を繰り返し音読することで、作者の文体をつかむことができ、その文体を真似して英文が書けるようになります。

　英語コンテンツをインプットして、「わかった」と思うことは、その内容を自分で説明(＝再現)できること、アウトプットできることとは違います。読んだものはただの情報であり、その人の知識にはならないのです。だからこそ子どもに学ばせるにも、聞き流しをさせるだけでなく、パターンを「完全にコピーして暗唱させる練習」が大切になります。

小学校英語の
学習で大切なこと **3**

学習教材を絞る

　さまざまな情報と選択肢にあふれかえる時代に、かえって難しいことですが、私は英語学習の教材は徹底して絞り込むことをおすすめします。シリーズものの本などを子どものためにといっぺんに買って、あれもこれも見ているだけ、あるいは授業で、リスニング教材をどんどん流しているだけでは、子どもが英語を習得することはありません。

　話はそれますが、「ある限られた教材だけを学ぶことで、学びが深まる」という体験をしたのは、私にとっては料理が先でした。

　留学した私は、短大に入学はできたものの、生活するお金が

なくて困っていました。そんな私に、ホストファミリーのお父さんが料理の仕事をくださいました。仕事は1週間に5日間、ファミリーの夕ごはんを作るというもの。19歳の何の技能もない私ができる仕事は、料理と掃除くらいだろうとわざわざ仕事を作ってくださったのです。

　困っていた私に母は辻静雄さんの本と、1冊の和食本を買ってくれました。この2冊はその後2年間、私のバイブルとなりました。特に辻静雄さんの『おそうざい風フランス料理』(講談社)のレシピは勉強になりました。この本はいろんな人が書いたレシピの寄せ集めではありません。辻さんのルールに沿って書かれたルール本であり、一貫したパターンが埋め込まれていたのです。

　もしこの時、自分の周りにたくさんの料理アプリや本があふれかえっていたら、いろんな情報に目移りして、料理を体系的に学ぶことはできなかったでしょう。でも「徹底して同じものを繰り返した」おかげで、辻さんのスタンダードとする塩分、調理時間、食材の選び方、調理法則などを体系的に学ぶことができたのです。

　英語は料理やピアノを学ぶのと同じです。学ぶときは、たくさんの先生からいろいろなことを習うより、たった一人の先生から繰り返し同じことを伝えてもらったほうが、しっかりした土台が築けると思います。

大人の英語学習

　英語学習の中級になると、「教材をどんどん新しいものに変えて、新しいコンテンツを学ぶ」という勉強法を選ぶ人が増えていきます。でもこれではインプットを増やしているだけで、声に出し、自分で作った英文を書くといったアウトプットが増えていません。

　私は次々と新しい動画を見るより、同じ動画を100回見てセリフを覚えることをおすすめします。例えばTED Talksですばらしいスピーチがあれば、まずは聞く。次に聞いたら話を要約する（これは英語を自分のものにするための有効な学習法です）。最後に自分の感想を加えて解釈する。その人の言葉を自分の体にしみつかせるまで繰り返し見る。映画で好きなものがあれば、ある役割のセリフが言えるようになるまで繰り返す。「学んだことを再現する。学んだことを要約して自分の言葉でまとめる」のです。自分の脳をフル回転させることが、言語の習得における大切なポイントです。

　海外ドラマを見るときも、単語やフレーズを学びやすくする方法があります。それはあるジャンルを見始めたら、一定期間はそのジャンルに絞って見る、ということです。私の場合は「医療ドラマ」「法廷ドラマ」「社会派ドラマ」とジャンルを絞り、期間を区切って集中して見ます。例えば社会派ドラマ『THIS IS US／ディス・イズ・アス』には、人とコミュニケーションをする上で役立つセリフがたくさん出てきます。集中して言葉を学ぼうとする場合はこれを何回も見て、聞いて、自分の言葉になるまで見返します。

　「聞く・話す」だけではなく「書く」というステップにおいても、同じことがいえます。私が学生のときは、先生から「書く力を伸ばすため

に、ヘミングウェイの本を1冊選んで、繰り返し音読しなさい。そして、短いセンテンス、簡単な単語で彼の文体を真似してみなさい」と言われました。その後、私の好みの文体も変わり、今の理想はカズオ・イシグロさんの『The Remains of the Day（日の名残り）』という小説になりました。声に出して読むと、品があって美しい。どうせ書くなら一歩でも憧れの文体に近づきたいと思う作家です。

　ちなみに音読練習で本を活用するならば、『kindle』などのデジタルブックがおすすめです。わからない単語を指で押さえれば、辞書がポップアップで表示されるので、読み進めやすいと思います。

第 6 章

対　談

佐　野　賢　一　先　生

×

行　正　り　香

佐野賢一先生は、茨城県立並木中等教育学校で中学生、
高校生を指導後、つくば市教育局教育指導課指導主事として
勤務、その後つくば市立学園の森義務教育学校にて
小学生、中学生を指導されてきた先生です。
2020年以降は、上海日本人学校浦東校にて
文部科学省派遣教員としても英語教育に携わっています。
高等学校・中学校・小学校3校種と教育行政の現場を
体験されただけでなく、ICTを活用した学びの取り組みも
行われている佐野先生が、小学校の英語教育ついて
どのような考えをお持ちか、お話を伺いました。

さのけんいち｜1977年生まれ。茨城県立並木中等教育学校で7年間中学
生、高校生を指導した後、つくば市教育局教育指導課指導主事として勤
務。その後、つくば市立学園の森義務教育学校にて小学生、中学生を指導。
2020年より、文部科学省派遣教員として上海日本人学校浦東校で活躍。

小学校英語の課題

行正｜公立小学校における外国語活動の授業では、3、4年生
は文科省の教材『Let's Try!』を、5、6年生は『We Can!』が
ベースとなった検定教科書を活用することになっています。各社
の教科書を見ると、重要例文は出てきても、ポイントは出てきま
せん。「この教材で、どうやって子どもの英語学習をアシストすれ

ばいいのだろう?」と困る親ごさんも多いかもしれませんね。

佐野｜そうですね。先生たちが読む指導書にはいろいろな説明が書いてありますが、教材には説明や英語が書いてありません。だから先生がある程度読み込んで、授業で「ここがポイントだから、ここを覚えて。ここが大事だよ」とちゃんと書き出してあげることが大切です。ポイントがわからないと、結局児童は何も身につかないことになります。なにしろ5、6年生でも、英語の授業は週に2時間しかありません。1週間経ったら忘れています。大人だって1週間前に何を食べたか覚えてないですよね。

行正｜2020年度からはいよいよ小学校の外国語活動が始まりました。佐野先生は何が課題になると思いますか?

佐野｜まず一番大きいのが、評価の仕方だと思います。20年度から5、6年生の英語の授業に成績をつけることになりましたが、これがすごく難しいです。他の教科だと、単元テストを活用して、知識の定着や理解度を見ていくことができました。でも英語に関しては、コミュニケーションも大切なので、たとえペーパーテストがあっても、評価をするのが難しくなります。

行正｜「聞いた例文をわかるように真似できる、聞いた単語を書くことができる」など、基準があれば先生も評価しやすいし、親も子どもに勉強させやすいですが、現段階では手探り状態なので大変ですね。しかも学ぶ内容はかなりの分量なので、授業を受けているだけで、中学の英語に役立つレベルまでいくのかな……という心配もあります。

佐野｜小学校で英語の授業を受けているだけでも、英語の音に慣れるとか、発音ができるというところまではいくと思います。でも、英語を使いこなすというところまで持っていくのはなかなか難しいでしょうね。

行正｜小学校における英語教育の授業は、デジタル教科書の音声リードを児童が聞いて、真似をするというスタイルで作られています。「この際だから小学校の先生も英語を勉強して、音声リードできるようになりましょう！」という声も聞こえますが、それは先生にとって大変なことかもしれませんね。

佐野｜そうですね。外国語活動の教材『Let's Try!』と『We Can!』の作り自体は、英語の楽しさが伝わってとてもいいと思います。でも音声をリードするために、今から先生が英語を学ぶとなると「私はもう英語にトライするのは……」と躊躇する方もいらっしゃると思います。やらなくてはならないことがたくさんあるなかで、「Let's Try!」と言われても、「We Can!」と答えられる先生はなかなかいないのが現状です（笑）。一方で、小学校には柔軟な先生が多いのも事実です。特に基本文やフレーズを使ったパターン・プラクティスなどの活動に関しては、工夫をしておられる先生はたくさんいます。

英語教育の理想とは

行正｜佐野先生は、ICTを活用した授業などもされていますね。教材の一つとして、「カラオケEnglish」もご活用いただきましたが、子どもたちの反応はいかがでしたか？

佐野｜授業で5、6回使わせていただきましたが、子どもたちは楽しみながら学んでいて、「またやりたい！」という声もありました。彼らにとって一番興味深かったことは、自分の声を録音して英語の発音を聞けたこと、すなわち「学んだことのリフレクションができたこと」でした。自分が英語でしゃべっている声を聞くのは、い

ろんな発見があるようです。

行正｜スポーツ選手でも、自分のピッチングをビデオに撮って改善するのだから、英語においてもリフレクションは大切なんですね。授業では、どのように「カラオケ English」を組み込まれていますか?

佐野｜半年ほど使って効果的な使い方が見えてきましたが、理想としては、「先生がポイントを伝えたあと、15分間を活用して（パソコンを取りに行き接続する時間を含む）、各自がセルフラーニングをする。次に学んだ例文や単語を使って、友だちと実践トレーニングをする」というステップがベストかと思っています。「カラオケ English」にはデジタル教科書にはない「英文」がすべて文字で表示されます。再生される音に色もつくので、英語を読む練習にいいと思います。

行正｜佐野先生が小学校、中学校の英語教育で大切にされていることは何ですか?

佐野｜僕の場合、小学校で最も大切にしていることは「英語嫌いにさせない」ということです。いかに嫌いにならないように児童に学ばせるか、その工夫が必要だなと。また、児童は中学校でも継続して英語を学ぶことになるので、「英語の一番の盛り上がり」を、どうやったら中学に持っていけるかということも考えています。今は小学校英語に楽しい活動がたくさん入っていて、学びの楽しい盛り上がりが小学校寄りになっています。本来は、中学校でまた楽しい山をたくさん作って、小出しに面白いことを体験しながら、息長く英語を学ばせるべきだと思います。最初に手の内を全部見せるのではなく、小学校のうちはちょこちょこと面白いことを見せながら、長く継続できる流れが作れるといいのではないかなと。

行正｜確かにそのとおりですね。語学学習の道のりは長いですものね。

佐野｜中学生に教えるときは、生徒に「曖昧さに耐える力」をつけることも大切にしています。例えば中学校2年生のクラスでは、映画を字幕つきで見せることもあります。彼らは最初、「こんなの、見てもわからないよ」と言います。でも大事なのは「無知の知」に気づくことです。英語はネイティブじゃない限り、全部理解するのは無理なのは当たり前です。でも、わからなくてもいいから見続ける。わからなくてもそれでもいいと受け止める「曖昧さに耐える力」をつけることが、英語を学ぶ上で大切なことだと思うのです。そのためには、「100％理解するのは不可能であっていい」と不完全さを認める学習の場が必要だと思っています。内容のファクトを問う○×の試験問題ばかりでは、「曖昧さに耐える力」をつけて、英語を自分のものにするチャンスに恵まれません。

行正｜確かにアメリカで英語を学んで大切とされていたことも、「不完全でもアウトプットする」ということでした。話が全然わからなくても聞く。間違っていても、声を出す。何度も失敗して、そこから学んでいくというスタイルに驚きました。

佐野｜「わからなくてもいい」というスタンスと、「白黒はっきりと正解がある」というスタンスは、学びの入り口からして違うように思います。英語学習に関して、日本人は割と白黒つけたがる傾向がありますね。僕のクラスの生徒たちは、英語でどうにか1本の映画を見続けて、やっと最後のほうで「なんとなく少し理解できたような気がする」という感想が出てきました。わからなくてもとりあえず最後まで見続ければ、何かがわかるという体験ができます。それが「曖昧さに向き合う耐性」をつける体験にもつながります。

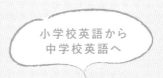

小学校英語から
中学校英語へ

行正｜小学校で学ぶ「楽しい英語活動」から、中学校への学びの移行というのは、うまくスライドしていけるのでしょうか?

佐野｜公立では、小学校と中学校で交流のあるところは少ないので、子どもたちが小学校でどう英語を学び、どういう流れで中学校へ来ているのか、先生が理解するチャンスは少ない気がしています。この状態では、小学校から中学校へ、うまく学習をつなげることができません。同じことを重複して学んでしまうということもあるかもしれませんし、学んだと思ったことが学んでいないまま終わることもあります。特に学習指導要領が変わる移行期にいる子どもたちは大変ですよね。

行正｜小学校のうちは声を出して英語ができたのに、中学校になったら声が出せなくなったという生徒さんもいますよね。

佐野｜中学校で声を出せるかどうかは、「刷り込みしかない」と思っています。つまり「声を出さずにすむ世界」を知らせないことが大事かと。そのためには、最初から声に出すのが当たり前という世界だけに浸らせる必要があります。例えば、子どもたちに手を挙げさせて答えさせる授業スタイルでは、こちらが何か質問したときにパッと手が挙がる癖がつきます。でも、順番に答えさせていく授業スタイルでは、子どもたちが手を挙げなくなります。習慣的に「声を出すのが当たり前。手を挙げるのが当たり前」というスタイルを作り上げていけば、生徒も声を出し続けると思います。

行正｜そうかもしれません。英語の授業で「先生が声を出す割合は3割、生徒は7割」など基準もあれば、優秀な先生はどんどん生徒に声を出させる工夫ができるかもしれませんね。

佐野｜小学校の外国語活動の導入は、「英語教育における文明開化」のようなものだと思っています。そのためにさまざまな方の努力がありました。そのおかげでやっと小学生も「英語という海に泳ぎだす」チャンスを得たわけです。でも僕は、英語というのは「遠泳」のようなものだと捉えています。まず大切なのはプール（教室）での練習をすること。ビート板（時にはルビ振りや記号、区切り）を使ってどんどん上達して、クロールやバタフライなどの文法を覚えていく。その先に、プールから海（実際に使われる英語）に出る機会があります。でもやっと出ても、大海原はいつも穏やかではありません。荒れ狂う波も（電話、メール、国による発音の違い）あります。僕たち教員は、子どもたちがそんな英語の大海原を自由に泳いでいけるように、基礎力と忍耐力をつけてあげるのが仕事かな、と思っています。

第 **7** 章

英語の何をどう、
学ばせるか？

この章からは、
英語を教えた経験のない親ごさんや先生でも、
子どもの英語学習をアシストできるよう、
「英語の学ばせ方」を詳しく見ていきます。

　英語の学ばせ方は100人いれば100通りあり、どれが正しい、
間違っているということはありません。私自身も二人の娘たちへ
の教育はトライ&エラーの連続でした。けれども最後に行き着い
た結論は、「英語を学ぶには音読学習しかない」ということです。
　英語の学習は、例えるなら目の前にマッターホルン級の「英語
山」があるようなものです。道のりも長く、登るのが大変な山です。
私は、娘たちが小さいときは「忙しいから」と他の先生にお金を
お支払いして、手を引っ張ってもらおうと企んでいました。でも高
学年になって娘たちを観察したら、登山口からほとんど登ってい
ないことに気がつきました。このままでは、中学1年で英語を始め
ても、1合目付近で挫折するかもしれません。
　英語は私が学んだあらゆる技能の中で、人生を最も助けてく
れた技能です。本人たちが山登りの楽しさを覚えて勝手に登って
くれるまで、誰かに任せて期待する余裕は、もうありません。自分
が登ってきた道を思い出しながら、手をつないでアシストするし
かないと思いました。
　ここでみなさんは「行正さんは留学してアメリカの大学を出た

からアシストができたのね」と思われることでしょう。でも心配しないで読み進めてください。英語に自信がない親ごさんや先生でもアシストできる音声教材「カラオケEnglish」という道具を用意しました。英語の初級学習者に必要なのは、英語力そのものではないことを、先にお伝えしておきます。

英語の山・ＣＥＦＲ（セファール）山を観察してみよう

　ゼロから私自身が英語を学び、そして娘たちに英語を手を引いて教え、今も英語山を登山中の私たち登山体験者から、英語山がどんなものか、まずは全体像をお伝えしておきましょう。

　まずマッターホルン級のこの山は、頂上まで登るのに相当の時間と努力を要します。山登りは体力や忍耐力があれば登れるのではなく、上に行くほど、体調管理能力、情報分析力、適応力、危険察知力などさまざまな能力を必要としますが、英語山も上に行くほど、いろんな能力が必要とされます。

　山の名は、英語国際基準にちなんで「CEFR（セファール）山」と名づけます。

　CEFRとは "Common European Framework of Reference for Languages"（ヨーロッパ言語共通参照枠）の略のこと。英語を含む外国語の学習者が、どのレベルまで習得しているかを判定する際に使われる世界指標となっています。

　CEFRは言語能力を初心者のA1からネイティブに近いC2のレベルまで段階別に評価する方式となっていて、例えば、イギリスの大学院で研究したいイタリア人が「私の英語はCEFRB2レベルです」と資格試験結果を提示すると、「では英語でコミュニ

各試験・検定試験とCEFRの対照表

CEFR	ケンブリッジ英語検定	実用英語技能検定 1級～3級
C2	230 – 200	各級CEFR算出範囲
C1	199 – 180	3299 – 2600
B2	179 – 160	2599 – 2300
B1	159 – 140	2299 – 1950
A2	139 – 120	1949 – 1700
A1	119 – 110　各試験CEFR算出範囲	1699 – 1400

ケンブリッジ英語検定の標柱（各試験CEFR算出範囲）:
- A2 Key / A2 Key for Schools (100)
- B1 Preliminary / B1 Preliminary for Schools (120)
- B2 First / B2 First for Schools (140) – (170)
- C1 Advanced (160) – (190)
- C2 proficiency (180) – (210) – (230)
- (150)

実用英語技能検定（各級CEFR算出範囲）:
- 3級 (1400) – (1699)　1456 〉　各級合格スコア
- 準2級 (1728) – (1949)　1728 〉
- 2級 (1980) – (2299)　1980 〉
- 準1級 (2304) – (2599)　2304 〉
- 1級 (2630) – (3299)　2630 〉

〉 は各級合格スコア

標柱の数値は各資格・検定試験の定める試験結果のスコアを指す。スコアの記載がない欄は、各資格・検定試験において当該欄に対応する能力を有していると認定できないことを意味する。

文部科学省（平成30年3月）

GTEC Advanced Basic Core CBT	IELTS	TEAP	TEAP CBT	TOEFL iBT	TOEIC L&R/ TOEIC S&W
各試験CEFR 算出範囲	9.0 ‐ 8.5				
(1400) 1400 ‐ 1350	8.0 ‐ 7.0	400 ‐ 375	800	120 ‐ 95	1990 ‐ 1845
(1280) 1349 ‐ 1190	6.5 ‐ 5.5	374 ‐ 309	795 ‐ 600	94 ‐ 72	1840 ‐ 1560
(1080) 1189 -960	5.0 ‐ 4.0	308 ‐ 225	595 ‐ 420	71 ‐ 42	1555 ‐ 1150
(840) 959 ‐ 690		224 ‐ 135	415 ‐ 235		1145 ‐ 625
689 ‐ 270 (270)					620 ‐ 320

Core　Basic　Advanced　CBT

※括弧内の数値は、各試験におけるCEFRとの対象関係として測定できる能力の範囲の上限と下限。

※ケンブリッジ英語検定、実用英語技能検定及びGTECは複数の試験から構成されており、それぞれの試験がCEFRとの対照関係として測定できる能力の範囲が定められている。当該範囲を下回った場合にはCEFRの判定は行われず、当該範囲を上回った場合には当該範囲の上限に位置づけられているCEFRの判定が行われる。

※TOEIC L&R/TOEIC S&Wについては、TOEIC S&Wスコアを2.5倍して合算したスコアで判定する。

※障害等のある受検生について、一部技能を免除する場合があるが、そうした場合のCEFRとの対照関係については、各資格・検定試験実施主体において公表予定。

ケーションできるから、チームリーダーになってもらいましょう」など
と、ポジションを判断される基準となります。

　文科省や海外の英語学習カリキュラムや教材、英検、GTEC、
TOEICもCEFR国際標準規格をクリアすることを目標に作られ
ています。英語で何かしようと思うと、避けては通れない存在とな
ります。

　CEFRでは、外国語の習得レベルを「A：基礎段階」「B：自立
段階」「C：熟達段階」に分けており、A、B、Cをさらに二つの段
階に分けています。

　P80の表には記されていませんが、外国語をまったく学んだこ
とのないビギナーは、A0というレベルで分類されることもありま
す。

■ **CEFR 外国語の習得レベル**

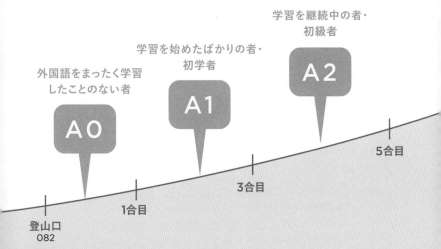

学習を継続中の者・
初級者

A2

学習を始めたばかりの者・
初学者

A1

外国語をまったく学習
したことのない者

A0

5合目

3合目

1合目

登山口

　さて、CEFRの基準を山に例えると、登山口から頂上まで、どんな感じになっているのでしょう。

　頂上に行くまでに必要となる能力を分類すると、下図のページのようになります。私たちもCEFRレベルに合わせて「カラオケ English」を作っているので、P84〜85の右欄に「カラオケ English」の対応コースを列記しておきます。

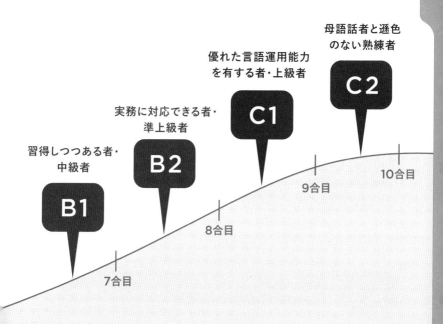

CEFR A0 ［登山口〜1合目］
Absolute Beginner ／まったくの初学者

外国語を初めて学ぶ人のレベルです。A0レベルとされるには、簡単な英語を聞きとれて、自分の名前や気持ちを伝えたり、ちょっとした受け答えができること、大文字や小文字を読めるということを基準とします。小学校英語3〜6年までの学校教材もA0レベルからスタートし、600〜700の単語に触れていきます。英検ならば5〜4級レベルです。

カラオケ English
- ジュニア入門コース（幼児から始められるコース）
- 小学生3、4、5、6年コース（学校教科書に沿った重要フレーズ学習）
- 基本文法コース1（中学1年文法レベル）

CEFR A1 ［1合目〜3合目］
Beginner ／初級者

生活での基本的な表現をゆっくりであれば理解でき、ミスをしても自己紹介ができ、ごく簡単な会話ができる。ゆっくりならば質問ができ、自分が住んでいる場所や、知っている人についての情報を話すことができるのを基準とします。英検ならば3級レベル。

カラオケ English
- 基本文法コース 2（中学2／3年生文法レベル）

CEFR A2 ［3合目〜5合目］
Elementary ／初級者

個人的なこと、家族のこと、買い物や仕事について英語を聞いて理解でき、ゆっくり、簡単な対話ができる。簡単な表現を使って、自分の状況報告ができる。短いメモやメッセージが書けるのを基準とします。英検準2級〜2級レベル。

カラオケ English
- 基本文法コース 3（中学3年文法）

CEFR B1 ［5合目〜7合目］ Intermediate／中級者

学校や仕事、娯楽についての話題を理解し、海外旅行をしたときも、いろんなことに対応ができる。個人的に興味があることについて、一貫した文章を書くことができるのを基準とします。英検2級〜準1級レベル。アメリカのコミュニティカレッジなら、このレベルから入ることが可能なところもある。

カラオケ English

• 応用文法コース 1／2
（高校文法レベル／2021年ローンチ予定）

CEFR B2 ［7合目〜8合目］ Upper Intermediate／中・上級者

自分の専門分野のことを中心に、具体的なことや抽象的な文章を理解し、議論もできる。英語を母国語とする人とストレスなく会話ができる。さまざまな話題について、自分の意見を述べることができる。英検準1級〜1級、大学受験でCEFRレベルがB2以上の試験結果を提出した場合、みなし得点として利用可能なトップ大学もあります。詳しくは「英語4技能テスト利用型」で調べてみてください。またアメリカやイギリスの4年大学に留学したい場合も、B2レベルの英語試験を突破していることが条件となります。

カラオケ English

• 応用文法コース 1／2
（高校文法レベル／2021年ローンチ予定）

CEFR C1 [8合目〜9合目]
Advanced ／ 上級者

さまざまな分野の長い文章を読むことができ、書き手の意図することが理解できる。適切な表現をあまり迷うことなく選び、スムーズに会話をすることができる。明確な文章を構成することができ、論理的な主張をしたり、議論をすることができることを基準とします。英検なら1級レベル。

CEFR C2 [9合目〜10合目]
Proficiency ／ 熟達者

ほぼすべての話題の文章を聞いて、読んで理解ができ、その内容を要約し、細かいニュアンスまで表現できる。複雑な状況でも、明確に自分の意見を表現できるのを基準とします。

※C1、C2に対応する「カラオケEnglish」のコースはありません。

中学、高校では どうなるかも知っておこう

　小学校英語は登山口からCEFR山のA0、A1を目指して登り始めますが、山登りは中学、高校と続いていきます。ここでは、中学で目指す5合目あたりのCEFR A1、A2レベルを詳しく見ておきましょう。

　英語において「5合目まで登れた」ということは、CEFR A1、A2において、時制、動詞活用、語順などの基礎文法と単語を使いこなし、簡単な会話をする能力が備わったということです。

　登山口からしばらくは比較的楽しい英語山登りですが、1合目

に到達した瞬間から「登るのが険しい難所」がいくつも出現します。

　例えば主語によってsがつく法則の三単元、過去形の不規則動詞、そして動名詞、to不定詞、比較級、最上級、受け身、現在完了形などです。これらの難所で、中学生はどんどん振り落とされていきます。5合目までの最難関は関係代名詞です。これが理解できないと長文を読むことができず、二つの文を一つにまとめることもできません。ここまでしっかり登れて、学んだ文法を使いこなせる中学生は少数派となります。

　上記に挙げた「難所」のうち、小学校でも学ぶものに、「三単元」と「過去形・不規則動詞」があります。

　自分の子どもに英語を教えて改めてわかったのですが、一般動詞にsやesをつける、はずすという「三単元」は、簡単なことではありません。「I play soccerはSheになるとShe plays soccerとsがつくんだよ」と教えると、今度はI plays soccerとIにもsをつけてしまいます。新たなことを教えたら古いことは忘れる、これは大人と同じなのです。

　「主語が変われば動詞が変わる。時が変われば動詞が変わる」。これが中学で学ぶ英語の最大の特徴です。小学校のうちにbe動詞や一般動詞に触れ、主語をつけることに慣れておいたほうが、1合目からの山登りが楽になります。公立小学校の指導要綱では教える義務はありませんが、「カラオケEnglish」の小学生コースでは解説を加えているのは、中学からの山登りを楽にするためです。

　また高校受験までに、英検準2級以上を持っていると、私立高校受験の際に内申に加算される特典もあります。大学受験においてはAO入試があり、私立を受ける生徒は、英語ができたら得する受験制度（英語4技能テスト利用型入試・英検準1級くらいのレベルを

持っておくことが望ましい）になっています。

　小学校で英語にチョロチョロ慣れて、中学1年生で本格的に
CEFR山を登り始める場合、大学受験までに残された時間は5
年間です。基礎力ゼロからB1、B2レベルにまで、5年で一気に登
るのは至難の技です。

　英語山は5合目までは多くの人が登れても、その先の6、7、8、
9合目になると難易度がどんどん上がります。1年間英語を勉強し
て3級を取れたからといって、次の1年で2級が簡単に取れるわ
けではありません。

　大学のAO入試で得をするには、小学校卒業までに3級を、中
学2年生までに2級を取っておいたほうが、その先が楽なのです。

　山を登る子どもたちに親や先生ができることは、目標を明確に
定め、声をかけることです。

　「今ね、山のここをチョロチョロ歩いているよ。ここは山の空気
に慣れるだけでいいよ」「もうすぐ息がきれてくるよ。でもしばらく
歩いたら、慣れてくるからね」「ここはみんなが諦めたくなるところ
だよ。休んでもいいから登り続けるよ」と声をかけられるよう、自
分は英語ができなくても、子どもたちが登るCEFR山の全体像
はしっかり、見ておきましょう。

登山口から1合目までは 何に気をつけるか

　もし子どもたちに、「AO入試という選択肢を与えてあげたい」
という場合は、高校生までに英語の5合目、6合目、CEFRのB2
まで登らせる必要があります。山を登らせるなら、小学校時代に
親や先生が以下の3つのポイントに気をつけて、学びをアシスト

してあげましょう（具体的なアシストをするのに英語力は必要ありません。方法論は第8、9章でお伝えします）。

❶ 小学1、2年生ならば英語音声に触れる程度でよいが、3、4年生になったら「聞く・話す」ことに意識的に触れさせ、5、6年生になったら「読む・書く」ことに触れさせてあげる。中1では文法はハイスピードで学ぶことを認識して、できることは先に教えてあげる。

❷ 2021年の中学の指導要綱では、学ぶべき文法が増え、単語数も1200から1800になる。いきなり増えるとついていけないので、小学校で600〜700の単語に触れさせることを意識しておく。

❸ 小学校の外国語活動で求められているのは、英語に慣れることだけでなく、英語を活用してコミュニケーションをする力や、人前でスピーチやプレゼンテーションをする力である。英語を活用して、いろいろな場に慣れる機会を作るように意識しておく。

山を登らせるための ナビゲート方法

　子どもに英語を学ばせるとなると親が思いつくのは、自分で登山口からナビゲートをする方法ではなく、教材や学校、英会話スクールに頼る方法です。また小学校の先生が頼りにしたいのは英語専科の先生やALT講師です。

　まず英語を学ばせたいと思ったときに存在する選択肢を、ザーッと見ておきましょう。

DVD

オンラインで垂れ流しになりがちなコンテンツと違い、就学時前の子どもがスタートしてからフィニッシュする時間をコントロールできるので、メリハリをつけやすい方法。デメリットは、受け身な学習になりがちということ。

英会話学校

気の合う先生に出会えるようだったら楽しく続けられる人気の学習法。ただ1週間に1回だけの練習に通っても、なかなか言語が上達するレベルまではいかないのが現実。英会話に通うならばそれ以外の日に「やるべき宿題」を提示してくれるところが望ましい。

英語専門学童保育

小学校の間、学童で英語をシャワーのように浴びせられるメリットがある。金額はそれなりだけど、英語に触れる時間が増えるのは大きい。ただ、塾に行き始める3年生、4年生でやめてしまうと、子どもは学んだことをすぐに忘れてしまう。学童に行きたがらなくなる頃には、別の方法論を考える必要がある。

英語塾

きちんとカリキュラムがあり、体系化した学びを与えてくれる。小学校高学年になれば、論理的に英語を理解できたほうが学んだことが定着する。塾はいくつかトライアルして、合うところを見つけられたら受験にも民間試験にも役立つ。プリント中心の塾もあれば、音読中心の塾もある。

インターナショナルスクール

幼稚園から高校までいろんな学校がある。帰国子女というわけでもないので、文科省の基準を満たさなければ、そのまま大学受験はできない。IBバカロレアなどの卒業証書があれば日本の大学への受験も可能。メリット・デメリットを見て進学を考える必要がある。

英語のサマーキャンプ

最近は日本でも、英語オンリーのサマーキャンプなどがたくさんある。年齢によっては、1、2週間まとめて英語に「浸かる」ことができると、子どももやる気が出るきっかけにもなる。

小学校での英語授業

3、4年生は週に1回、5、6年生は週に2回行われる。カリキュラムは「英語を使ってできることを増やす」フレーズや単語を簡単な順番から並べるもの。先生だけでなく、ALT（Assistant Language Teacher）という英語専門の先生がアシストする場合もある。

英語を学ぶには、音読しかない

　「英語やピアノは、専門家が教えるもの」「教室でしか学べない」という固定観念を私自身も持っていたので、子どもが小さいときは学校や外国人に頼るしかないと思っていました。でも改めて考えたら、日本語のときはどうだったでしょうか？　子どもに言葉を教え、文字を指でなぞって絵本の読み聞かせをしていたのは、日本語の専門家ではない自分自身であり、みなさん親ごさんです。

　小学生レベルで学ぶ英語は、せいぜい2、3歳児が話すことと同じレベルです。英語の音声や説明を自動再生することができ、間違いを添削するツールがあれば、英語が話せない親ごさんや先生でも、十分に学習をナビゲートできる時代になっています。

　もちろん、CEFR山のA2レベルになると、生徒の英語能力を判断する英語力が必要となるので、英語の専門家によるナビゲートが必要になります（難しい単語が発音できていなければ訂正する必要もあ

ります）。でも1合目付近のA1レベルならば、使いこなせるツール
さえあれば、親や先生は英語を話せなくても、学びをナビゲート
することができます。

　英語を学ぶ方法は、先にお伝えしたようにたくさんの方法があ
ります。どの方法で学ばせるかは大人の自由ですが、私には一
つだけ、行き着いた結論があります。それは「娘たちに英語を学
ばせるのに、音読以外に方法はない」ということです。

　振り返って考えると、私が短大の先生から、「文法例文を音読
し、アウトプットを徹底する」方法を教えてもらえなければ、その後
の大学生活はありませんでした。娘たちに学ばせるには、プリン
トをする、教材を垂れ流しで聞く、サマーキャンプに送るなどさま
ざまな方法がありましたが、結局は「自分に効いた」と思うことを、
着実にやらせてあげることが、私の選ぶべき方法に思えました。

リサーチして見つけた　音読教材

　娘たちの音読教育をやってみようと決心して探したのは「音読
に特化した教材」です。DVDやYouTubeのように、単に動画
を見せて英語をインプットする教材ではなく、娘たちが自分から
英語を発し、体の一部分をアクティブに使って「インプット→アウト
プット」させてくれるものが対象となります。

　日本の英語教材は圧倒的にインプット型が多いので、まずは
海外のアプリの中で、カリキュラムが細やかで、子どもの音読をア
シストするために作られた音読教材を探してみようとリサーチしま
した。以下がその時見つけたアプリの候補です。

Reading Tree ／ Reading A to Z ／ Tales2go

すべて英語レベルに応じてレベル分けされたオーディオブックアプリです。イラストと音声が同時に出てくるので、親が読み聞かせをしているような状態で英語の読解力をつけられる。読んだらポイントなどがつくので、ゲーム感覚で進められる。少しでも英語が読めるようになった子どもにとっては、すばらしいアシスト教材。3つはどれもイラストのトーンなども違うので、好みに合うものを選ぶとよい。

Reading Jump

英文を音読練習するときに活用できる教材。オーディオが流れてきて読み方のリズムを学んだり、単語を英語で聞いて学んだりすることができる。いろいろなトピックがあるのがよい。無料ダウンロードできるバージョンもある。中学生以上のレベルなら単語も覚えることができ、活用しやすい。

English Grammar in Use

私が短大のときに先生が与えてくれた文法書のアプリ版。文法例文を声に出して学ぶことができて、英語の基本ルールを身につけることができる。中学2年以上の文法レベルがあり、英語で説明を読むのが苦でなければすばらしいアプリ。高校生以上で英語に慣れていた方が活用しやすい。大人にもおすすめ。

　今探せばもっと多く見つかるかもしれませんが、娘たちの学習に活用したいと感じたアウトプット型の音読アプリは、上記のようなものでした。

　ただ一つ、ここにも大きな問題がありました。それは、子どもが最低限英語が読めるCEFR A1後半〜 A2レベルから学べるものが大半で、英語が読めないA0レベルを基準とした音読アプリは、探してもなかったのです。

このことが、英語アプリを自ら作ることとなった大きなきっかけです。もしお子さまがA1、A2以上のレベルであれば、ご紹介した英語アプリはとても役立つものかと思います。A0レベルから学ぶのであれば、次の章で「カラオケEnglish」を活用した学習方法をご紹介します。

お子さんがすでに中学生、もしくは英語が読める小学生ならば、ご紹介したアプリをトライしてみて、そこから先は子どもが継続できるように工夫をしていくのがいいでしょう。娘たちを育てて私がわかったことは、「英語学習の声かけは18歳くらいまでずっと続く」ということです。

また、最も声かけが必要なのは登山口のCEFR A0から、1合目のA1のレベルです。このレベルの子どもは、自分を律して学ぶという習慣がありません。親や先生が学ばせる頻度を決め、学ぶ癖をつけ、やる気を出させてあげる必要があります。教材をポンと与えたら、勝手に学んでくれる生徒など数％程度でしょう。うちの娘たちはやりなさいと伝えなければ、何もしない部類に入るので、いまだに声かけをしています。

 ## 音読以外の教材でおすすめのもの

音読教材ではありませんが、以下の教材もおすすめです。

Duolingo
ゲーム感覚で英語を学べるように設計された教材。英語が少しずつ理解できたら、自分で考え、指を使って文字を動かしたりしながら学べる。文法などを体系的に学ぶこともできる。

BrainPOP

聞き取りができるようになったら、あらゆるジャンルの、レベルの高い知識を英語で得ることができる。サブタイトルもついているので理解しやすい。ただ単語レベルは専門知識の域に入っているので、大学生以上のレベルが必要。

　以下は英語専門の先生が、そばについて教えるにはおすすめの教材です。

Let's Go シリーズ

文法の説明などはなく、会話として必要なフレーズを、イラストを見て学んでいくスタイル。文科省外国語教材の『Let's Try!』や『We Can!』も、同じようなアプローチ。毎日の日課や遊びに行ったところなど、文法から入ったら後回しになるような会話文も、早くから学ぶことができる。

Side by Side シリーズ

文法や文型を学ぶのにおすすめの教材。中学生ならば例文がたくさん出てきて、音読するのに活用しやすく、英語検定試験の準備にも活用しやすい。

Grammar in Use シリーズ

私が活用した文法教材。英語がある程度できるならば、日本語で英語を学ぶより、英語を英語で学んだほうが簡単。資格試験の勉強をする人や高校生以上にもおすすめ。

　教材探しにおいて大切なことは、「教材の作り手の信念や親切さを、学習者が感じられるものである」ということ、そして「こういうことは何度もやったほうがいいよ」「この順番で学んでいこう」

と、体系的にカリキュラムを組み、学びのステップを設計してくれている教材を見つけることです。よい教材との出会いはよい先生との出会いと同じくらい重要であることを意識しておきましょう。

頂上までの全体ルートを見て、予算と時間配分を考える

CEFR山の登山は長期戦です。道具となる教材や学び方を与え、時間配分を考えるだけでなく、親ごさんは予算配分も考えておくこともおすすめします。まず、子どもの英語学習にいくら必要かをリサーチし、次に、予算を「いつ、どこで」使うかを考えておくのです。

例えば小学校から英語塾に通わせたとします。月謝は6000円～高いと5万円くらいかかる場合があります。平均が1万円だとしたら、年間12万円、1年生から6年生まで通うと6年間で72万円の出費です。もし2万円かけていたら144万円です。けっこうな出費となります。

大切なのは、限られた親のリソースをいつどこで使うか、プランを持っておくことだと思います。幼児期に高い教材を買い与え、英語教室に通わせる選択肢もあれば、「英語学習資金」を貯金しておき、英語に興味を持ってくれる小学高学年や中学の夏休みに、英語のサマーキャンプに1回行くという選択もあります。

お家でバイリンガルに育てたお母さんたちのおすすめ

第8章から、小学生からの学ばせ方をご紹介しますが、こちら

では、私自身がよいとは知っていながら実践できなかった、「幼児向け」の学習法をご紹介します。

　私は子どもが保育園時代は仕事、家事、子育ての3つをすることで精いっぱいでした。「やればいいとは知っていても、きつくてできなかった」ことがいくつかあります。覚悟があるお母さんなら、できるかもしれません。

英語のかけ流し／テレビは全部英語にする

0歳児のときから、英語しかない生活を与え、英語がBGMという世界を普通にしていきます。英語ならばアニメを見てもいい、英語ならば音楽を聞いてもいいと、英語ワールドを最初から与えてあげます。ポイントは、「日本語コンテンツを一切見せないこと」だそうです。以下は娘たちが好きで、「英語でなら何回でも見ていいよ」と見せていたものです。でも、実際は親の監視が足りず、すぐに日本語にスイッチして見ていました。

- **ウォレスとグルミット**（Wallace and Gromit）
- **ファインディング・ニモ**（Finding Nemo）
- **モンスターズ・インク**（Monsters, Inc.）
- **トイ・ストーリー**（Toy Story）
- **リロ・アンド・スティッチ**（Lilo & Stitch）
- **クマのプーさん**（Winnie-the-Pooh）
- **リトルマーメイド**（The Little Mermaid）
- **不思議の国のアリス**（Alice's Adventures in Wonderland）
- **ピーター・パン**（Peter Pan）
- **アナと雪の女王**（Frozen）
- **101匹のわんちゃん**（One Hundred and One Dalmatians）
  ※かっこ内は原題

英語絵本のなぞり読み

親ごさんがそばについて、英語の音声をかけるか、声に出して一緒に絵本を読んであげることも効果的です。ポイントは「なぞり読み」であること。指で追ってあげることで音声と文字の認識を明確にします（「カラオケEnglish」では読まれる音声に色をつけていますが、これも「なぞり読み」の発想です）。親ごさんが読めない場合は、前述した「Reading Tree」などの音読アプリを活用するとよいでしょう。ただし、ある程度の英語レベルに達している必要があります。

英語フレーズの暗唱

英語が読めるようになったら、文法を体系的に学びやすい中学の教科書を音読→暗唱させている親ごさんもいらっしゃいました。それも小学校5、6年生のうちに中1、中2レベルの英語を徹底させていました。中学レベルの文法は英語の土台となりますが、特に中学1年になるとローラーコースターに乗ったようなスピードで進みます。4年生くらいになったら論理は理解できるので、少しずつbe動詞の文法フレーズから暗唱していくのはいい方法でしょう。

どの学び方、教材を選んでも、 小学校高学年まで続けよう

　繰り返しになりますが、最も大切なことは英語を学ぶ道のりは長いことを前提に、「高学年になっても、英語をやめない」ことです。そして中学1年になって初めて文法に触れるのではなく、小学4年生くらいになったら、少しずつ教えてあげるということが重要だと思います。

　小学校での英語学習は、公立学校の場合は「場面英会話例文」で学ぶことになります。教科書はイラストや重要例文の提示

のみで、解説はほとんど載っていないため、教える先生が勉強するにも、親が教えるにも、ポイントが伝えにくい教材になっています。親ごさんの記憶の中で、「これは過去形かも」と感じたら調べて説明してあげて、論理と一緒に最重要例文だけでも暗唱させてあげられたら最高です。

　先にお話をしたように、A0レベルからアクティブに音読させられる音読教材は「カラオケEnglish」です。次の章では、アプリを活用し、登山口〜1合目、CEFR A0〜A2までのアシストをする方法をお伝えします。

音読は最強の英語学習法

　いろんな学習法の中から、音読は最強の英語学習法だと思っているのは私だけではありません。ご縁があってお会いした先生の中で、音読を実際の学習に取り入れ続けられている立命館小学校の正頭(しょうとう)英和先生、東進ハイスクール講師の安河内(やすこうち)哲也先生も、以前からずっと音読学習をすすめておられます。

正頭英和先生における音読

　教育業界のノーベル賞と呼ばれる「グローバル・ティーチャー賞」トップ10に選ばれた立命館小学校の正頭英和先生は、ICTを活用した英語授業でも、さまざまな音読学習を実践されている先生としても有名です。先生が考案された「単調になりがちな音読を続けさせる工夫」は後ほどご紹介しますが(第9章)、先生は音読学習における4つの大切なことを、以下のように提示されています。

❶ **モデル音声の真似をさせ、学習者には評価者をつける**

　間違って読み続けていても英語は上達しない。モデル音声を真似して音読をする学習では、「その発音は間違っている」「合っている」とフィードバックしてくれる先生が必要。ただし評価者は人である必要はない。録音してモデルと自分を比較すれば、セルフのフィードバックができる。（「カラオケEnglish」はこの方式）

❷ **少しだけ簡単なものを音読する**

　理解できない内容を何度音読しても身につかない。「わかっていること」を「できるようにする(使いこなす)」ために、理解できている内容を音読するのがおすすめ。

❸ 音読は暗唱することが目的

「空読み」をせず、音読し終わったら、文字を見ずとも暗唱できるようにする。暗唱することを目的にすると集中力が高まりインプットできるようになる。

❹ 覚えた文は最後に書く

スペルは間違えてもいいから、音読したことをノートに書かせる。子どもにとって大切なことはスペルより、単語を聞き取れているか、単語が抜け落ちていないかを確かめること。

先生は、英語の基礎となる定型文を、子ども自らの活動で「インテイク＝定着させる」ということが大切だとおっしゃっています。正頭先生が音読指導で発見されたことは、『子どもの未来が変わる 英語の教科書』(講談社)や『音読指導アイデアBOOK』(明治図書出版)のご著書でも詳しく説明されています。

安河内哲也先先生における音読

安河内先生は東進ハイスクールの講師をされていて、2020年の英語教育改革においては、いろいろなアイデアを政府にも提言されてきた方です。先生は「話せる英語を手に入れるためには、練習が必要。文法の理論を研究するだけでは、無意識に言葉が出てくるようにはならない。そのために不可欠なのが正しい発音を学び、意味を考えながら音読すること」と主張され続けています。

また、「中学英語の文法例文を音読して暗唱することが大切。中学文法の基本をマスターすれば、あとは単語を入れ替えて、さまざまな会話ができる」とおっしゃっています。基本的な文章を何度も音読し、

頭に刷り込ませることで、英会話をするときにも、無意識にその文章が出てくるようにする。黙読ではなく、声に出すことによって、動的記憶として残すことが大切なのだそうです。以下の3つは安河内先生が提示される「音読するときに注意すべきポイント」です。

❶ **意味を理解しながら、一文ごと真似をして音読する**

音読するときは文の意味を理解することが大切。知らない単語は意味を理解して音読する。

❷ **ネイティブの音声モデルに近づくように意識して、発音矯正をしながら練習する。**

文章を見ながら音読を繰り返し、正しい発音をまねる。音声を真似できるようになって始めて聞き取る力がつけられる。

❸ **文章を見なくても音読できるように暗唱する。単語の発音や文章の構造をしっかり理解しなくては暗唱できない。**

先生が繰り返し提案されていることは、「英語を楽器のように練習して学ぶ」ということです。先生のブログやインスタ（ご自身で撮影されたすばらしい写真もたくさん載せられています）、また『勉強法 THE BEST』（あさ出版）というご著書でも、学び方のコツが記されています。

第 **8** 章

どんな教材で、
英語を
学ばせるか？

2020年から小学校の外国語活動が始まり、家庭学習をサポートする親ごさんや先生もプレッシャーを感じておられるかと思います。「英語を学び直さなきゃ」と感じた親ごさんもいれば、校長先生から「がんばって英語を教えなさい」と励まされ、ストレスを感じた先生もいらっしゃるでしょう。でも実は、あまり心配する必要はありません。

みなさんは、2019年に文科省から発表された「GIGAスクール構想」（Global and Innovation Gateway for Allの略です）をご存知でしょうか？ この構想は、公立の小中学生に「一人1台PC」を実現し、学校に高速大容量の通信ネットワークを完備することを目標としています。今までEdTech（テクノロジーを生かした教育イノベーション）と呼ばれる分野で、先進国から後れを取っていた日本が、一気に追いつくチャンスが生まれたのです。

EdTech分野をリードし、国や自治体の委員として教育改革に携わっておられる佐藤昌宏教授（デジタルハリウッド大学大学院）によると、「一人1台PCによる学習実現化」によって、「教育における先生の4つの役割」が変わっていくのだそうです。

今まで先生は、以下のような役割すべてを満遍なくこなすことを期待されていました。

- **多人数に教える**（Teacher）
- **個別に教える**（Tutor）
- **多人数を導く**（Facilitator）
- **個別を導く**（Coach）

でもICT教育を活用すると、「教える」部分はテクノロジーが担えるようになり、先生は生徒の学習状況データを分析しながら、多人数・個人を導く役割に集中していくことができるようになりま

す。学習の「個別最適化」が可能になるのです。

　大人はつい、「テクノロジーや変化は面倒だ」と感じがちですが、例えば、EdTechツールの一つである「カラオケEnglish」をご活用いただければ、「英語の意味やルールを繰り返し教える力」は最重要項目ではなくなり、「子どもたちの学習状況をチェックし、適切なタイミングで適切なレベルに導く力」が必要となっていくのです。

　こちらの章では、英語が苦手な親ごさんや先生が「カラオケEnglish」をはじめとするEdTechツールを活用して〈小学生の子どもの学びを「教える」のではなく「導く」ための方法論〉を、具体的にお伝えしていきます。

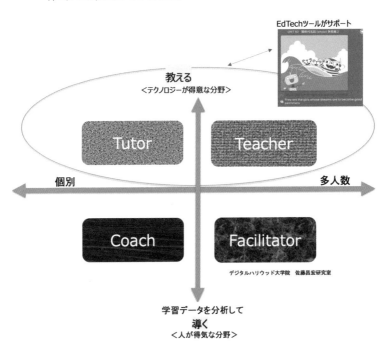

EdTechツールがサポート

教える
<テクノロジーが得意な分野>

個別　　　　　　　　　　　　　　　　多人数

Tutor　　　　Teacher

Coach　　　　Facilitator

デジタルハリウッド大学院　佐藤昌宏研究室

学習データを分析して
導く
<人が得意な分野>

英語を学ばせるには
アウトプットも重視する

　まずは「カラオケEnglish」の活用の仕方をお伝えする前に、言語学習で最も重要だとされる「ラーニングサイクル」について学んでおきましょう。

　ラーニングサイクルとは、言語を学ぶときに、音声や単語などのインプット（情報を入れる）だけで学びを完結させるのではなく、インプットしたらそれを声に出したり、文に書き出してアウトプット練習をし、さらにネイティブとのリアルな対話などで、アウトプットを磨きあげる、という学びのスタイルです。

　子どもに使える英語技能を与えてあげるには、まずは親世代

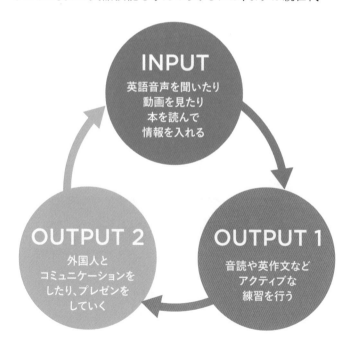

INPUT
英語音声を聞いたり
動画を見たり
本を読んで
情報を入れる

OUTPUT 1
音読や英作文など
アクティブな
練習を行う

OUTPUT 2
外国人と
コミュニケーションを
したり、プレゼンを
していく

の「インプット（聞く・見る）オンリー型」の学び方から、声も出させる「インプット・アウトプット複合型」の学び方にスイッチしていくことが大前提となります。このスイッチが行われない限り、小学校英語で成果を出すことも、日本人の英語力がアップすることも永遠にありません。

　小学校英語の授業でも、英語音声や動画を流してあげるのは大切なインプットです。でも、それだけで子どもが英語を使えるようになることは絶対にありません。自主学習の時間を作り、アウトプット練習をする宿題を与え、ALTの先生や英会話教室の先生とのコミュニケーションを実践して初めて、英語の基礎が身についていきます。

アウトプットは音読学習で練習する

　インプット→アウトプットを繰り返す学習には、一人ひとりがネイティブやバイリンガルの人と会話練習をするのが一番ですが、実際にface to faceで会話をするのは、コストもかかるし、最初はドギマギしてうまくいきません。私がアメリカのESLの先生に教えていただいた文法例文音読法は、コストもかからず、自分一人で上達できるアウトプットトレーニング法でした。以下が先生に教えていただいた音読学習の流れです。

❶ 先生の文法講義のインプットと教室でのアウトプット練習

　先生が文法説明を軽くしたあと、ある文型を使った例文を生徒たちにコーラスリーディングさせる（＝先生のあとについて、生徒たちがいっせいに音読アウトプットする）。

❷ 宿題で自主学習アウトプット

宿題は生徒に合ったレベルの文型例文が並んだA4の紙を1枚与えられる。

➡ 生徒は自分の声をカセットテープに録音して、発音がおかしければ直し、アウトプット音読を繰り返す。先生のテストに備える。

❸ 先生による確認アウトプットテスト

先生のところに行って、宿題の文型例文を発音できているか、学んだ文法を活用して自分で作文ができるか、テストをしてもらう。例えば、先生が「I would have」と言うと、I would have helped you if you had asked me. など自作例文を複数発表する。

➡ パスすれば次のシートをもらう。この Input → Output の繰り返しで学んでいく。

日本では、受け身のインプット学習ばかりで眠たくて仕方がなかった私です。でも、アメリカの教室では常に声に出し、家では録音をしてぞっとするような自分の発音を聞き、自作文した内容を先生に伝えるという「アウトプット中心」の学びだったので、眠たくなる暇はありませんでした。

この時学んだ「一つの文法パターンの例文を何度も音読する」という勉強法は、私を眠気から救ってくれただけでなく、オウム返しのような英会話しか話せなかった私に、「英語は型を学べば、自分で言いたい文を組み立てて作ることができる」と教えてくれました。英語の基本型をスピーディーに手に入れてからは、本を読んで量をこなし、単語力を増やす努力をし、作文をして書く練習をしました。

いろいろな勉強法で英語を学んできましたが、音読を中心と

したアウトプット学習は単に「読める」ようにしてくれただけでなく、「発音を矯正する」「型を応用する」、さらには「文章を書く」など、英語の4技能をバランスよく培ってくれたのです。

A0から始められる 音読教材を作る

　私が娘たちに英語学習をさせるとしたら、最も自分に効果があった「アウトプット音読学習」以外に考えられません。でもCEFR山のA1〜A2ならば、音読練習用の教材がたくさんあるのに、(P93)英語が読めないA0レベルから始められる音読(音真似)教材で文法の基礎を学べるアプリは、探してもないことに気がつきました。

　仕方がないので、私はプリントを作り、娘たちの隣に座って例文の文字を指でなぞり、「I am from America. My name is Gai. はい読んで！」と声を出させる練習を始めました。するとその時、長女に「ママ。絵があればもっとわかるのに。アメリカから来たって感じの絵を描いて」と言われました。

　私のパソコンの中には、2007年に立ち上げた子ども学習サイト

Hi, I am Gai.
I am from America.

HOLLYWOOD

109

「なるほど! エージェント」で作ったキャラクターや背景のイラストがたくさんあります。ここからアメリカ風の背景とキャラクターデータを引っ張り出し、Hi, I am Gai. I am from America.と絵と文字を合体して見せてみると、「絵があるってわかりやすい! これならやりたい!」と娘たちに大好評だったのです。

　今度は長女が、「日本の歴史とか、キュリー夫人の伝記とかには漫画があるのに、なんで英語は漫画で教えられないのかな?」と聞いてきました。その時私は雷に打たれたような気持ちになりました。すべての例文に絵を当てるというのは、とてつもなく大変な作業です。でも歴史や伝記学習でできていることが、英語だからできないという理由はない。英文にだって、イラストを添えてあげればいいのだ! と思いました。

　日本人はそもそも、文字だけより「絵で説明される生活」に慣れています。お店のメニューも写真で表現されるし、漫画やアニメが当たり前のように身の回りにあります。日本語自体、象形文字をベースとした、視覚で理解する言語だといわれています。日本人には、いろんな情報を「パッと目で見て感覚的に理解する」傾向があるので、例文をすべてイラスト化できれば、意味を推測させることができ、A0レベルの学習者の理解度がグンと上がるはずだ! と思いました。でも何事も「作る」というのは長い道のりです。どうせその道のりを歩くなら、英語に自信がない親ごさんや小学校の先生がEdTechツールとして活用できるものにしよう! と思いつきました。

英語が読めなくてもアウトプットできる「カラオケEnglish」

　英語レベルゼロから子どもたちがアウトプット学習できるように、以下のようなポイントに気をつけて、音読教材「カラオケEnglish」を開発していきました。

❶ イラストで意味を推測してもらう

　アウトプット音読において最も大切なことは「意味がわかることを音読すること」です。意味がわからないことを音読しても、言葉が脳にひっかかっていきません。イラストを使えば、流れてくる音声がわからなくてもどんなことを意味しているかを推測をすることができます。

例えば、前ページのイラストは

ロボット： **Where is the post office?**
郵便局はどこ?

鳥： **Go straight. It's on your left.**
まっすぐ行って。あなたの左側よ

という音声を表現するイラストです。音声だけで聞くより、一緒にイラストや点線、郵便ポストの絵を見れば、「ポストーォフィッス」という音は郵便局かな? と推測できます。

❷ パターン化された例文を音読させる

初級者に効果的なアウトプット音読教材は、学習者が文のパターンをつかみやすい文型音読です。でも公立小学校の教材は「展開する会話例文をたくさん聞いて学ぶ」仕組みとなっています。チャンツ(リズムに乗せて単語や文を発音すること)やデジタル教材には、例文がたくさん入っていますが、どんどん会話が展開するため、何が大切かわかりにくくなっています。

例えば、6年生で過去形を学ぶデジタル教材例文を例にとってみましょう。

What did you do this summer?
あなたは夏は何をしていましたか?

I went to the beach.
私は海辺に行きました

It was fun.
それは楽しかった

How about you?
あなたはいかがですか?

など、リアルな生活と同じく会話が展開していきます。

　初級者が過去形で学びたいことは「go、see、eat などの動詞は、過去の話になると、went、saw、ate と形が変わる」ということです。

　「カラオケEnglish」は、一つのUNITで学ぶことをできる限り絞り、

　　⑴ I went to Africa.

　　⑵ I ate steak.

　　⑶ I played soccer yesterday.

　　⑷ I watched TV.

と動詞の過去形だけに興味を持ってもらえるような仕組みにしています。

⑴　　　　　　　　　　　　⑶

⑵　　　　　　　　　　　　⑷

❸ 自分の声を録音してリフレクションさせる

　理想のアウトプット音読は、先生に横に座って聞いてもらい、発音やイントネーションを逐一直してもらうものです。onion は「アニヤン」と発音するのに、「オニオン」と発音し続けていたのでは（第9章で発音のコツもお伝えします）、いつまでたっても通じる英語を手に入れることはできません。でも、発音をネイティブレベルの先生に添削してもらうのはお金がかかります。

　デジタル機器の録音機能を活用すれば、発音をチェックする先生の代わりになります。子どもは声を録音することで、モデル音声はonionをアニヤンと言っているのに、自分はオニオンと言っている「音の違い」が認識できれば、自らの間違いに気がつき、次から「アニヤン」と発音するようになります。録音機能は、自分の発音を矯正してくれる先生になります。

発音を上達させるには、発音判定ソフトの結果を確認するより自分の発音をモデル音声と聞き比べ、完全に真似できるように工夫をすることが効果的です。

❹ 文字を追えるようにカラオケ字幕にする

比較的自然に子どもが日本語を読めるようになるのは、大人が文字を指差しながら子どもに絵本を読んであげるからです。そこで「カラオケEnglish」でも、字幕を指追いできる仕組みを取り入れることにしました。

「カラオケEnglish」では、音声再生している単語に色をつけ、目で追える「カラオケ字幕」の仕組みを作りました（だから「カラオケ」Englishです）。カラオケ字幕は、アルファベットから覚えなくても字が読めるようになる仕組みとなっています。

> 🗣 **I watched TV with my friend.**

また字幕にはオンオフ機能もつけました。まったく文字が読めないならば、文字は余計な情報です。字幕を消し、耳から聞いて真似をする。あるいはシャドーイング（後ほどお伝えします）で音声に集中することで、「聞く耳」が育ちます。

文字を消すことで学習者は音声とイラストに集中できます。「テレビを見ています、と言っているのかな？」と音声の意味を推測できます。

❺ 瞬間英作文をして、録音してスピーキングテストをする

　小学校5、6年生からトライできる基本文法コースは、学んだ英語を定着させる「瞬間英作文」のトレーニングを組み込んでいます。

　小学校高学年で言語を学ぶ場合、頭の中にすでに日本語が入っていて、「無意識的に言語を学ぶこと」は難しいといわれています。脳に思い描く内容が日本語で浮かんだら、それを伝える単語を引っ張り出し、語順を並び替え、自分の声帯、舌、唇を活用して音声化する必要があります。スピーディーに（目指すところは3秒以内に）変換して音声化する練習がなければ、英語が口から出て話ができるようにはなりません。

「伝えたい内容を3秒以内に訳し、音声化する」というのが「話せる」ということです。

　こちらの「瞬間英作文」セクションで活用しているトレーニング法は、「クイックレスポンス」と呼ばれ、通訳を目指す人が練習する手法です。「カラオケEnglish」は「聞いた日本語」を瞬時に訳すだけではなく、録音し、発音までチェックする仕組みになってい

ます。

　また、訳す日本語は、瞬時に「見て」理解できる記号的な日本語にしています。例えばWe see movies together. は「私たちは、一緒に映画を見ます」と訳します。でも1本の映画に限定しているわけではなく、いろんな映画を一緒に見ることがあるよ、という「習慣」を伝えるので、moviesと複数形になります。

　瞬間英作文セクションでは「私たちは、一緒に 、映画（複数）を、見ます」と書き換え、「映画を習慣として見るのだからsをつけて複数にする」というヒントを与えます。単語の間に「、」句読点を入れるのは、日本語を分解して英語の語順に並べ替えてもらうためです。このステップを徹底して繰り返すことでスピーキング力をつけていきます。

❻ 学習者が飽きないように工夫する

　アプリの開発には娘たちの意見をたくさん取り入れました。「子どもは長い時間は集中できないよ。最初に説明は聞きたくない」と言うので、1UNITにかかる時間を5〜8分と短くし、かつ「モデル音声を聞いてから」音声解説を聞く仕組みにしました。また「説明にわからない言葉（＝文法用語）がたくさんあると、やる気がなくなる」と言うので、広告代理店のコピーライターで文章を書くプロ（元私の上司です、笑）にお願いして、文法解説を短く、伝わりやすい言葉にしていただきました。

　以下、小学6年生で学ぶ過去形のセクションの解説です。小学校の先生方にわかりやすいと評判の解説となっています。

POINT 1

前に起きたことを伝えるには、
動作や状態を表わす言葉の形が変わります。
「過去形」といいます。

今、起きていることを伝える言葉の形は、
「現在形」といいます。

go (行く/現在形) - **went** (行った/過去形)
see (見る/現在形) - **saw** (見た/過去形)
is (〜だ/現在形) - **was** (〜だった/過去形)

解説を1回聞いて覚えられる人などほとんどいない。

POINT 2

英語では、動作や状態を表わす言葉は、
現在起きているか、過去に起きていたかによって、
形そのものが変わります。
語尾だけ変わる日本語とはちがいます。

I see a bird. 「私は、鳥を見る」(現在形) -
I saw a bird. 「私は、鳥を見た」(過去形)

It is pretty. 「それは、きれいだ」(現在形) -
It was pretty. 「それは、きれいだった」(過去形)

何度も繰り返し聞くことができるのがICT教育のよいところ。

「カラオケEnglish」のコース

　一般的に英語のアウトプット練習をする音読教材には、以下の3つのアプローチがあります。

❶ 文法・文型を中心に例文を音読させるもの
❷ 場面ごとに使う頻度の高い英会話例文を音読させるもの
❸ 絵本や小説、新聞記事を音読させるもの

　文字がすらすら読めるならば❸がおすすめですが、「カラオケEnglish」はCEFRのA0から音読できるようにするのが目的です。❸は後回しにして、まずは❶❷を作ることにしました。
　「文法例文音読」は、文法項目を「足し算→引き算→掛け算→割り算」と計算を学ぶように、簡単なものから順にステップを踏んで学んでいくことができ、論理的に英語を身につけていく方法です。
　一方、小学校の外国語活動の教材でも活用している「場面英会話例文」は、理屈は後回しにしてある場面で使う頻度の高いフレーズを音で丸ごと覚え、英語が伝わる楽しさを体験させる方法です。「自己紹介をする、レストランでオーダーする、買い物をする、感想を伝える、誰かを誘う、薬局で薬を買う」など、場面ごとに使い回される決まり文句を、音でフレーズごと丸ごと覚えれば、英語で最低限のやりとりができるようになります。
　外国での生活をジャンプスタートさせたい場合や、英語に興味を持たせたい場合は、すぐに役立つ「場面英会話例文」音読法は有効ですが、この方法は「レシピがないまま、料理を見よう見真似で学ぶ」スタイルです。何か新たな文章を作ろうと思ったと

きに文を組み立てる文法力がなければ自分で文章を作れるようにはなりません。

　もし高校、大学受験で、または民間資格試験においてCEFR B1、B2、それ以上の高いレベルを狙いたいならば、小学校高学年から文法例文音読コースを追加することを強くおすすめします。

　「カラオケEnglish」の小学生向けには、以下二つのコースがあります（詳細は巻末のカリキュラムをご覧ください）。

- Ⓐ **公立小学校で学ぶ**
  「場面英会話例文」を音読する小学生コース（3〜6年）

- Ⓑ **「文法例文」を音読する**
  ジュニア入門コース・基本文法コース

 ## 公立小学校で学ぶ
「場面英会話例文」を音読するコース

小学生コース

公立で学ぶカリキュラムに沿った内容です。文法などは詳しく学ばずに、日常生活でコミュニケーションがスタートできるよう、場面ごとに重要な会話文を学ぶ仕組みとなっています。「音」を繰り返し聞き、音読して、丸ごと暗唱して学んでいきます。小学生コースは、文科省外国語活動3、4年生用教材『Let's Try!』、5、6年生教材『We Can!』に沿っており、小学校で学ぶ例文や単語を音読練習することができます（公立小学校の授業でも活用が広まっているコースです）。

小学3年生コース

『Let's Try! 1』に沿った英語を学びます。挨拶や気分の伝え方や、数、色、くだものや食べ物など身近なトピックから学んで英語の音に慣れていきます。内容的には中学1年で学ぶレベルのため、初めて英語に触れる段階から、「理解しよう」とすると難しく感じます。子どもには「音に慣れさせ」「音を丸ごと真似する」ことを目標にして音真似を徹底させることをおすすめします。学校の授業数と同じ35UNITとなっています。まだ1、2年生ならば、こちらのコースではなく、ジュニア入門コースでbe動詞や一般動詞に慣れてから小学3年生コースに進むのがおすすめです。

小学4年生コース

『Let's Try! 2』に沿った英語を学びます。名前や出身地を伝えたり、好きな曜日を伝えたり、時間や欲しいもの、日課について話ができるのが目標です。4年生ではアルファベットの小文字、大文字にも触れますが、見て認識できることが目標で、「読む・書く」レベルまで焦って到達させる必要はありません。まずは英語の音が聞き取れて、発音を真似できることが大切です。親はアルファベットを先に学ばせたくなりますが、音に慣れたあとに学んだほうが日本語発音にならないのでおすすめです。

小学5年生コース

『We Can! 1』や、公立学校の検定教科書で学ぶ英語を練習します。5年生からは小学校で正式な教科となります。アルファベットを認識したり、学校の授業について語ったり、HeやSheを使って友だちを紹介したりします。5年生からは少しずつ書く練習もします。「カラオケEnglish学校コース」では、クイズ＆ドリルも用意しています。真似をして書いたりして、少しずつ読む、書くに慣れていきます。

小学6年生コース

『We Can! 2』や、公立学校の検定教科書で学ぶ英語を練習します。6年生となると、一般動詞や助動詞、三人称、過去形までカバーしており、中学1年のレベルを駆け足で学ぶ感じです。学校では過去形や人称の説明はあえてしませんが、「カラオケEnglish」では簡単な言葉で文法の音声解説、動画解説を行っています。2021年からは中学のカリキュラムに高校文法が入り、学ぶべき単語数も増えます。小学校時代にアルファベットをマスターし、少しは文章を書ける、読めるところまでサポートできていることが理想です。

文法・文型を中心に例文を音読するコース

文法項目を細やかに分類し、文型例文をパターンで学ぶコースです。文法例文といっても、ベースは日常会話で最も使う頻度の高いものを、簡単な順番から難しいものに整理して並べたものです。例文は会話文が多いので、暗唱すれば会話もできるようになります。私立小学校で文法も学んでいるお子さんや、英検などの資格試験を目指す方は、文法コースだけで学ぶ(低学年はジュニア入門コース、高学年は基本文法コース)のもおすすめです。

ジュニア入門コース

小学1、2年生からスタートさせられる一番簡単なコースです。主にbe動詞、一般動詞を使いこなせるようにするのが目的です。be動詞なら、I は am、You は are、He は is など人称によってbe動詞を変換できるように練習します。文法解説は用語をあまり使わず、子どもにわかりやすい平易な言葉で説明しています。

基本文法コース

基本文法コースは、文科省指導要綱の中学文法項目や中学で学ぶべき動詞活用を網羅しています。もし高校、大学 AO 入試受験で優位に立ちたい場合は、小学5、6年生から基本文法コースを始めて、小学6年生で基本2の内容を理解し、英検4級は取っておくのがおすすめです。こちらのコースは「文法用語理解」を目的とはせず、パターンの例文を暗唱→日本語から英語に瞬間英作文することで「文法を使いこなすこと」を目的としています。解説では動詞の活用も音声確認できるようになっています。中学生、高校生、そして大人も一緒に学べるカリキュラムです。ちなみに応用文法コースが、2021年にローンチします。こちらは高校文法カリキュラムがベースとなり、大学受験や民間資格試験の練習教材となります。

　以下は、もし小学1年生のお子さんがいたらおすすめする学び方です。

❶ 小学1、2年生から「ジュニア入門コース」で基礎を学ぶ
❷ 3〜6年生まで「場面英会話」を学び、コミュニケーション能力をつける
❸ 5、6年生から基本文法コースも学び、英検4級取得を目指す
❹ 中学1、2年で「基本文法コース」をマスターし、英検3級、準2級取得を目指す
❺ 中学3年では基本文法コースの瞬間英作文を言える、書けることを目指し、秋までに英検2級取得を目指す
❻ 高校では、「応用文法コース」を学びながら長文読解をし、英検2級、準1級取得を目指す

レベルに合ったコースを
選んであげるのは親と先生の仕事

　小中学生におすすめのコースをご紹介しましたが、子どもは学ぶ理解度やスピード、やる気が出るポイントが違います。難しければより簡単なコースに柔軟に変更しながら、それぞれのレベルに合ったコースやUNITを選ぶことが大切です。また学校カリキュラムに沿った小学生コースを難しいと感じている子どもがいたら、思い切ってジュニア入門コースに変更し、be動詞と一般動詞を徹底して学ぶのもおすすめです。音読は「理解できる内容」を練習しなければ身につくことはありません。時々「音を聞いて意味が理解できているか」チェックしてあげましょう。

子どもに合った
コースの見つけ方

　小学生英語のコースの選び方はシンプルです。公立ならば学校の学びに連動している学年コースを学べば、学校の授業が楽しくなります。文法まで教えてくれる私立小学校ならば、まずジュニア入門コースから入り、5、6年生になったら基本文法コースの1から始めてください。

　中学生になったからといって、難しい応用文法コースに進む必要はありません。もう一度基本1、2、3とやり直しをしてみて、瞬間英作文がスルスルできるまで繰り返しましょう。

　また、高校生は「中学文法を理解できている」と思い込みがちですが、実は使いこなせていないことがほとんどです。基本文法コース2、3あたりで「瞬間英作文テスト」をしてみましょう。3秒くら

い以内にパッと英作文ができ、通じる発音で声に出せていない場合は、「まだ理解できていない」ということです。潔く前に戻ったほうが英語力は伸びます。

子どもに適したUNITレベルの探し方

小学生は「聞いた英語を上手に真似できる」レベルから始めてみましょう。基本文法コースならば、「3秒以内に瞬間英作文ができる」レベルから始めるのがおすすめです。どんどん前に進むことが学ぶことではありません。時々テストをして確認してあげてください。文法テストの仕方は、「YouTube → カラオケEnglishレベルに合うUNITの探し方」を参考にしてください。

娘たちの
カラオケEnglish活用法

　私の娘たちは小学5、6年生で基本文法コースを徹底学習しました。そもそも小学生の頃の私と同じく、あまり勉強をするほうではなかったので、「他は何もしなくていいから、『カラオケEnglish』だけをして、お金を稼いでちょうだい」と、UNIT完了ごとにお金を支払う仕組みを作りました。娘たちには月ごとのお小遣いは与えていなかったので、「カラオケEnglish」をするか、掃除機をかけたり、お皿を洗ったりして働かないとお金がもらえません。これは本当に効果がありました。以下は彼女たちの学習法です。

❶ 最初のうちは、UNITを完了することを目標にする

❷ 2巡目からは録音と瞬間英作文だけをして、発音とスピーキング力を上達させる

❸ できなかった瞬間英作文をチェック→できるようになるまで何度も練習する

❹ できなかった瞬間英作文をノートに書き出す→スペル、文法を間違えたらやり直す

「カラオケEnglish」をする習慣がついてからは、1日5〜7UNITほど学習していました。結果、基本コースを2年でマスターし、瞬間英作文もサクサクできるようになりました。瞬間英作文できなかったUNITは、7、8巡して学習しました。子どもたちはその後、中学受験でインターナショナルスクールを受け、入学しました。基礎力がついていたので、学校の学びについていくことができたと思います。

第9章では、具体的にどのように音読練習をさせたらよいか、お伝えしていきます。

カラオケEnglishのカリキュラム

小学生コース　　　ジュニア入門コース　　　基本文法コース

「真の英語力」を楽しく身につける 「カラオケEnglish」の学校実践

学校法人緑丘学園　水戸英宏小学校

英語教育導入時の課題と 「カラオケEnglish」との出会い

　本校では英語教育に力を入れており、小学1年生から学び始めるとともに、英語授業時数は公立の倍、確保している状況です。開校時(2012年)からは「Let's Go (Oxford University Press社)」を主教材として、「楽しい英語活動」を中心に授業を展開しましたが、残念ながら「活動重視の学びなし」といわれる状態となり、子どもたちに読み書きの技能がきちんと身についていないことが課題となりました。

　そこで、2019年度から「英語力向上プロジェクト」を学校改革の柱として、3年生からは文法や単語を学ぶ教材「i-kids English(育伸社)」を、5年生からは中学校の「整理と研究(廣済堂あかつき)」を活用して、「読む・書く」技能が身につくようにカリキュラム変更をしました。

　この改革により、子どもたちの語彙力や書く力が身についてきて、英検Jrや英語検定で結果が表れるようになってきました。しかし、授業はアクティブラーニングよりもレクチャー型の授業になりがち。英語を話すことを恥じらうことは相変わらず改善されず、全校児童で訪れた「TOKYO GROBAL GATEWAY」でも、英会話による積極的なコミュニケーションが見られません。すなわち、話す力＝真の生きた英語力が身についていないことが新たな課題となりました。

　どうしたら、子どもたちが積極的に英語で話してコミュニケーションを楽しめるようになるのであろう？ 英語の授業時数をもっと増やさ

なければならないのか、All Englishの授業も取り入れなければならないのか、そのような課題に行き詰まっていたときに出会ったのが「カラオケEnglish」でした。

「英語は授業時数より毎日使うこと!」

　録音して学んでいくという斬新なスタイル、子どもたちが好きそうなキャラクターやゲーム要素のある「カラオケEnglish」を体験して、「これからの英語の学びのスタンダードをついに見つけた!」と感じました。すぐに本校での導入を起案して、構内Wi-Fiを整備し、iPadを購入しました。初めての打ち合わせで行正先生に言われたことは、「英語は授業時数の確保よりも、毎日英語を話す機会を作ることが大切です。そしてCEFRでの到達目標を設定して、音読学習を進めていってください」ということです。

　正しい日本語を身につける一番の基本は、毎日の国語の教科書の音読です。「英語も同じ言語だ! 毎日の音読なくして言語の習得はできるわけがない!」。そこでまずは、全学年、毎日1日1UNITを音読の宿題としました。

　「カラオケEnglish」の魅力は録音機能だけでなく、緻密なカリキュラムによって子どもたちが学びやすくなっていることにあります。またUNITの解説は、どのような英語のテキストよりも秀逸で、個に応じた取り組みを支えるのは、やはりICTを活用した英語教育と実感しました。一つのUNITが5〜8分と学習者の学習体力を考えられていることもあり、子どもたちは無理なく宿題を続けることができました。

　音読カードを作って、毎日子どもたちが取り組みを記録していると、

「子どもたちの発音がまったく前と違う！」「英語を話すことにまったく恥じらいがない！」と、その変化に気がつきました。そこで、2020年からは毎日1人2UNITの自主学習を本校の課題としました。教師は管理画面を見ながら、たくさん取り組んでいる子どもたちを褒めてあげたり、習い事や家庭の事情で取り組めなかった子どもに休み時間にiPadを貸し出してサポートをしたりと工夫をし、「英宏小学校のEveryday English」を目指しています。

「算数が専門の私でもできる英語教育」

　公立小学校教諭で新規採用のとき、私は、ある校長先生からご指導をいただきました。「あなたはいい先生になれませんよ。それはね、あなたは、数学ができるから、わからない子のわからない理由と、わからない気持ちがわからないからですよ」。経験に満ちた表情で、おっしゃいました。確かに、算数の指導で大切なことは、子どものつまずきを見つけてパッチをあてることです。すなわち、どこでつまずくか、なぜつまずくかを教材分析できているかということが大切であることを、教えていただいたのです。それがきっかけとなり、私は「子どもたちのわからないところまで、わかる教員になろう！」と決意したのでした。

　「カラオケEnglish」が秀逸なのは、そのカリキュラムの緻密さにあると思います。テキストを細やかに分析し、小分けに構成し直し、つまずきどころをほぐした、母のようなやさしいカリキュラムになっていると思います。1UNIT、1UNITにつまずきを見通し、子どもたちが嫌いにならないように、考えつくされています。

　私のような英語が苦手な算数が専門の教師でも、ボタンを押せば、

授業も楽しく教えられるというのが、今までにない教材だと思います。

　本校は、「カラオケEnglish」で学ばせることで、子どもたちの「真の英語力」が伸びました。4年生で英検準2級、6年生で英検2級合格など、検定試験の合格実績も確実に伸ばしています。

　行正先生は「目標は、英語でプレゼンテーションとディベートですよ」とおっしゃいました。本校では、オーストラリアの姉妹校とSDGs（持続可能な開発目標）の研究をしたりする交流があります。いつか外国の子どもたちとプレゼンやディベートができるよう、「カラオケEnglish」で「真の英語力」を育てていきたいと思います。

野淵光雄

のぶちみつお｜公立小学校教諭を経て、現在水戸英宏小学校教頭。朝日新聞「花まる先生公開授業」にて授業が紹介される。著書『すぐにできる! 新算数科の授業づくり スタンダード』はベストセラーとなり、国外でも書籍化される。初等教育・算数教育のスペシャリストだが、中核となって英語改革も進めている。

第 **9** 章

カラオケ English の
活用の仕方

「カラオケEnglish」は、英語を教えた経験がなくても、子どもの学ぶ力を引き出すことのできる教材です。
4つの特徴「音声教材／わかりやすい解説／暗唱させる構造／飽きさせない工夫」により、英語に不安のある親ごさんや先生でも、ICTの力を借りて「教える」ことができます。
子どもはボタンを押せば、一人で自由に学ぶこともできますが、以下のポイントを意識してサポートすることで、子どもの学習効果をグッと高めることができます。
この章では、ご家庭での学ばせ方以外に、学校での活用の仕方もお伝えしていきます。

学習効果アップのために
大人が意識すべきポイント

1. カリキュラムと学習の流れを確認する
2. 4技能を目的別に学ばせる
3. 学校で活用するなら、授業での学習の流れを考える
4. 音読バリエーションを持っておく
5. 発音のコツを知っておく
6. 英語の特徴を理解しておく

カリキュラムと学習の流れを
確認する

　学ぶコースが決まったら、まずは全体のカリキュラムと学習の流れを見てみましょう。**学習画面右上の「MORE」から、カリキュラム表示に切り替えることができます。**学ぶ順番や単元ごとの目的がわかりやすくなります。授業で学んでいるUNITや、もう一度やりたいUNITを練習するようにします。

A　カリキュラムを確認する

UNITの表示を子どもが喜ぶイラストから

先生や親にわかりやすいカリキュラム表示にする

B 学習の流れを確認する

「カラオケEnglish」は例文を聞き流すだけでなく、真似したり自分の声を録音したりして、インプット→アウトプットを繰り返します。

① 聞く
絵で意味を理解

例えば Where do you want to go? が重要例文の場合は、このような流れで例文を声に出します。

② 理解する
ポイントを理解

POINT 2
Where do you want to go? と聞かれたら、
I want to go to 〜. と行きたい場所を答えます。

③ 練習してチェック
発音を練習

POINT 1
「あなたは、どこへ行きたいですか?」は、
Where do you want to go? と聞きます。
Where は、「どこ」という意味です。

④ 理解する
ポイントを理解

⑤ 真似する
A 字幕オフ
　声真似
B 字幕オン
　文字読み

❶ 聞く　音声解説も聞いて理解する　青セクション

最初は青のセクションで、英語を聞いてみます。英語を全部聞き終わったら、この UNIT で学ぶべきポイントを聞きます。イラストを見ながら聞くことで意味を想像します。

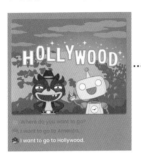

POINT 1

「あなたは、どこへ行きたいですか？」は、
Where do you want to go? と聞きます。
Where は、「どこ」という意味です。

❷ 復唱練習をする　緑セクション

緑のセクションでは復唱の練習をします。字幕をオン、オフにすることができます。最初は字幕をオフにして音を真似することに集中してもらいましょう（特に3、4年生は字幕をオフにすることをおすすめします）。文字が認識できるようになったら、字幕をオンにして、文字を追うようにします。字幕をオフにして、シャドーイングの練習（P138）をすれば、聞く力が伸びます。

字幕はオフにしてモデル音声とイラストに集中させる。音声に慣れたら字幕をつける。

❸ 自分の声を録音して発音を矯正する
ピンクセクション

ピンクのセクションでは、自分の声を録音して、モデル音声と聞き比べます。モデル音声と著しく違う場合は、やり直しを促し、発音を矯正していきます。

❹ 瞬間英作文をする
基本文法コースについているグレーセクション

基本文法コースには、日本語音声を瞬間英作文にして録音するコーナーがあります。学んだ文法を活用して、単語と合わせて文章を作れるか？ きちんとした発音で声に出せるか？ 書き出すことによって、スペリングはできているか？ などをチェックします。

おまけ〈スタンプをもらう〉

すべてのステップをスキップせずに完了できたら、日付つきのスタンプを獲得できます。コンプリートした小さな喜びを味わってもらい、次への学習へときっかけを作ります。スタンプをたくさん集めることで、学習が「見える化」され、継続しやすくなります。

※学校にてルーブリック評価をご活用の場合は、スタンプの数は「主体的に取り組む態度」の評価としてお使いいただけます。

4技能を目的別に学ばせる

　子どもに効果的に学ばせるには、親や先生が「英語のこんな技能を
つけてあげよう」と目的意識を持って、カラオケEnglishの各セクション
をご活用いただくことが大切です。

Ⓐ 「聞く」力を伸ばす目的 → 復唱とシャドーイング／フォニックス

Ⓑ 「話す」力を伸ばす目的 → 録音とイラストだけの自由トーク

Ⓒ 「読む」力を伸ばす目的 → アルファベット→なぞり読み→自力音読

Ⓓ 「書く」力を伸ばす目的 → アルファベット→単語→文章のトレース

Ⓐ
「聞く」力を伸ばすには → 復唱とシャドーイング

　「聞いているだけ」では「聞く力」は手に入りません。赤ちゃんは「ウー
ウー」と意味を伴わない声を発しますが、それは音を真似している行為
だといわれています。英語が読めない子どもも、モデル音声を真似して
「似た音」を発する必要があります。

　真似して練習する方法には、「復唱する方法」と「シャドーイング」の二
つの学び方があります。

<table>
<tr><td>学び方
1</td><td>**復唱させる**
（一人で、または授業ならばコーラスリーディングで）</td></tr>
</table>

活用セクション= Listen 青・Repeat 緑 ｜ 字幕=オフ

復唱はモデル音声を聞いたあと、すぐにリピートして声に出す方法です。1〜4年生くらいならば、「カラオケEnglish」の字幕をオフにして、「聞こえた音をリピートする」のがおすすめです。音声だけを聞き、イラストを見て「意味を感じる、推測する」訓練をしていきます。

(例) 小学3年生の How are you? と聞いたり答えたりする UNITです。I'm hot.(暑いなあ) という発音は「アィムハァートゥ」と聞こえます。子どもはイラストを見て「このロボット、暑そうだな？→ハァートゥって音は、ホット？ 暑いってことかな？」と意味を推測します。意味をなんとなく理解しながら音読することが重要です。

<table>
<tr><td>学び方
2</td><td>**シャドーイングさせる**</td></tr>
</table>

活用セクション= Listen 青・Repeat 緑 ｜ 字幕=オフ

子どもが真似する音声がモデル音声に近づいてきたら、「聞き取れるようになっている」ということです。次はちょっと難しい「シャドーイング」にトライしてもらいましょう。シャドーイングとは、「流れてくる音声を、影(シャドー)を追うように間髪いれず真似し始める」という学び方です。英文を聞き終えてから復唱するより、英語のリズムや発音、イントネーションに集中することができます。大人がやっても疲れますが、音に集中し、一つひとつの単語の存在を際立たせるには最良のトレーニング法です。子どもにとってはゲームのような学び方です。

（例）小学5年生の、値段を聞いたり注文したりするUNITです。What would you like?（何がよろしいですか?）という英語が聞こえてきます。すべての文章が終わって復唱するのではなく、Whatウワットと流れてきたら、文章が終わる前に、音声を真似し始めます。「聞きながら真似して声を出す」を同時にすることで聞く力が伸びます。

学び方
3

フォニックスで
アルファベットと発音の関係を学ぶ

「カラオケEnglish」には、フォニックス学習のUNITがあります（ジュニア入門コース）。フォニックスとは「アルファベット」と「発音」の間にある法則を学ぶこと。ローマ字を習ったときに覚えた「日本語英語発音」を正しいものに調整していきます。ローマ字を習う3年生までに英語をスタートさせるのが理想ですが、ローマ字読みが抜けないときは、こちらをご活用ください。

（例）アルファベットのOはローマ字を習うときに「オー」と習いますが、英語の発音では「ア」と発音する傾向があります（発音に関しては後ほどお伝えします）。アメリカ英語のアルファベット発音のパターンを学びます。ちなみにOctopusはオクトパスではなく、アクトプスと聞こえます。

O（o）は、ア、ア
● Octopus / octopus

「話す」力を伸ばすには → 録音とイラスト活用

「聞いているだけ」では絶対に「話す力」は手に入りません。
伝わる発音で声を出す練習をする必要があります。

学び方 1　録音してモデル音声と比較させる

活用セクション＝ Record ピンク ｜ 字幕＝オン

伝わるように話すためには、ネイティブが理解できる発音を身につ
ける必要があります。Recordセクションの録音では、モデル音声
と自分の声を聞き比べることで、発音の上達を目指します。違って
いたら、もう1回聞き比べることを促してあげましょう（発音を訂正すると
きのコツも、後ほどお伝えします）。「お手本の声と同じようになってきたね」
「もう1回トライしてみる?」と声かけをしてあげることが大切です。

Would you like a burger combo?

How much is the combo?

It's 500 yen.

（例）ウッジュライヵ〜? という音
が流れたら、モデル音声を真似
して発音し、録音します。間違っ
ていても「違うよ」と言わないこ
とが大切です。「英語の発音と
君の発音、似てきたね」と褒める
と自分で訂正すべく、勝手に練
習します。

学び方
2

イラストを見て覚えた文を発表させる

活用セクション＝ Repeat 緑 ｜ 字幕＝オフ

「話す」ことと、音を真似して「復唱する」のは違います。話すためには、覚えた単語やパターン例文を自力で思い出して作り、人に伝わる発音で言う必要があります。字幕をオフにしてイラストだけを見せ、「思い浮かんだ英語を言ってみよう」と声かけしましょう。脳の中に蓄積された情報を引き出す体験となります。授業では、ペアワークで活用できる方法です。

（例）イラストを見て、このUNITで学んだ "What would you like?" ウワッウッ ジューライク? "I'd like a burger, please." アイドゥライカブァーガァープリーズ と言えるか、チェックします。単語一つひとつの意味はわからなくても大丈夫です。フレーズごと、そらで言えるようになってもらいましょう。学校のペアワークのときは「字幕をオフにして絵の中のキャラクターになって、何でもいいから、英語で言ってみよう」と伝えます。何を言えばいいかわからない子どもにはAI翻訳を活用して、伝えたい文章を日本語から作ってもらいましょう。

「読む」力を伸ばすには アルファベット→なぞり読み→自力音読

　「読む」学習は、「聞く・話す」技能がある程度ついてから始めましょう。学ぶ順番は、1「アルファベット」→2「なぞり読み」→3「自力音読」という順番で進めます。

学び方 1　アルファベットを学ぶ、アルファベットの音を学ぶ

活用セクション＝**アルファベットUNIT・フォニックスUNIT** ｜ 字幕＝オン

「カラオケEnglish」でアルファベットのUNITを学習します（ジュニア入門、小学3、4、5年生コース）。
代表的な単語を、音声と一緒に復唱します。真似するのが上手になったら、次に音声をオフにして、「どれがaかな？」と指差してもらうようにします。

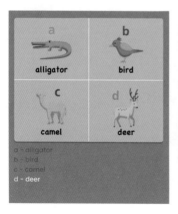
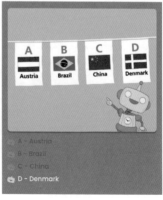

単語を指でなぞらせ、音と文字を合体させる

活用セクション＝ Repeat 緑 ｜ 字幕＝オフ

「カラオケEnglish」では、再生される音声と同時に、文字が黄色に変化するようになっています（カラオケテロップのような働きを入れたので「カラオケ」Englishです）。

これは「親ごさんが絵本を読むときに指でなぞって読み聞かせをする」効果を作ります。子どもにも、「黄色くなった文字を指でなぞって、文字と音声を合体させよう」と文字を指で追いかける練習をさせてみましょう。なぞり読みをするときは、声に出すことより、「指で文字をなぞること」に集中することが大切です。

（例）ワズ、という音と一緒にwasをなぞる。なぞること（読むこと）に集中し、声は出さなくてよい。

音声オフで、字幕自力音読をさせる

活用セクション＝ Repeat 緑 ｜ 字幕＝オフ ｜ 音声＝オフ

少し読めるようになったら、モデル音声の力を借りずに音読する練習を始めましょう。タブレットやパソコンの音量はオフにして、文字を指でなぞり、音読させます。カラオケ字幕の文字スピードは速めなので、黄色い文字と一致して読めている必要はありません。

「書く」力を伸ばすには アルファベット→単語→文章のトレース

　小学校5、6年生くらいで音真似が上手になり、多少は読めるように
なったら、以下のステップで書く練習を進めましょう(3、4年生から書く時間を
作る必要はありません。まずは音を真似できるようになることが優先です)。

学び方 1　アルファベットを真似して書かせる

活用セクション＝**各コースのアルファベットUNIT** ｜ 字幕＝オン

ノートを作って、小学生コース、ジュニア入門コースに入っているア
ルファベットUNITを真似て書かせましょう。

学び方 2　単語を真似て書かせる

活用セクション＝**ポイント解説**

アルファベットが認識できるようになったら、単語を書き写す練習を
しましょう。「ポイント解説」(音声解説)に入っている単語は、小学生の
うちに触れておきたいものです(600〜700語に触れるのが目標です)。
音声を聞いたあとに、ノートに書き写していきましょう。

POINT 2

「いくつですか?」は、How many? と言います。

野菜を英語で言ってみましょう。
tomato (トマト)
potato (ジャガイモ)
green pepper (ピーマン)
cabbage (キャベツ)

学び方 3

（学校版のみ）ドリルの文をトレースさせる

活用コンテンツ＝小学5、6年生ドリル

学校版の5、6年生コースには、薄く書かれた文字をトレースして（上からなぞって）書く「練習ドリル」がついてきます。どの単語が何を意味するか、想像しながらトレースすることを促してみましょう。

⑲UNITを学んでからドリルをしましょう。例えば以下のドリルのように、丸で囲まれたものは中華料理かな？ Chinese foodって、中華料理かな？ と推測しながら薄い文字をトレースします。クイズは、ローマ字が読めたら、理解できる内容となっています。

ドリルは管理画面からダウンロードできます。

ディクテーションをさせる

活用セクション= Repeat 緑 ｜ 字幕=オフ

書く技能を上達するためのファイナルステップです。聞こえた英語を英語（ローマ字でもよい）に書き出すトレーニングで、特に中学生以上におすすめです。小学生のうちは、たくさん間違えてもかまいません。聞くこと→書き出すことに慣れてもらいましょう。

(例)画面のモデル音声を聞かせて、わかる文字を書かせる。単語のスペルなどは気にしない。"What would you like?"が "Uwa uju laik?" と書けるだけでも、音を意識して文字を書き起こす練習ができたことになります。褒めてあげましょう。

学習効果
アップのために

3

学校で活用するなら、
授業での学習の流れを考える

　文科省のGIGAスクール構想のスタートにより、学校でパソコンやタブレットを活用することが可能となり、「カラオケEnglish」をご活用くださる小中学校も増えてきました。以下は、特に学校で学習効果をアップするための方法です。

学習計画を立てる

　カラオケEnglishのUNIT数は、小学3、4年生は35UNIT前後、5、6年生は70UNIT前後となっており、文科省指導要綱の年間標準授業時数に連動した数となっています。

普通授業だけの場合

1時限あるたびに1UNIT分を教室で練習する、あるいは1時限学ぶたびにUNIT宿題を出すと、年間カリキュラムを網羅できます。

（例）3、4年生→『Let's Try!』に連動したUNITを35時限で1つずつ学習しましょう。5、6年生→各検定教科書と「カラオケEnglish」の対照表（以下事例）をお配りします。こちらをもとに教科書に連動したUNITを学習するようにしてください。教科書によっては、5年生の教科書で、6年生の「We Can! 2」の項目を学ぶ場合があります。

小学5年英語対照表	A社の教科書	カラオケEnglish 小学5年英語コース
UNIT 1	Hello, friends. 名前・好きなこと	UNIT 1 [We Can! UNIT1対応]
UNIT 2	When is your birthday? 日付・ほしい物	UNIT 2 [We Can! UNIT2対応]
UNIT 3	What do you want to study? 教科・職業	UNIT 3 [We Can! UNIT3対応]
UNIT 4	He can bake bread well. できること	UNIT 5 [We Can! UNIT5対応]
UNIT 5	Where is the post office? 道案内	UNIT 7 [We Can! UNIT7対応]
UNIT 6	What would you like? 買い物	UNIT 8 [We Can! UNIT8対応]
UNIT 7	Welcome to Japan. 日本の文化	UNIT 2[We Can! UNIT2対応] カラオケEnglish6年生コースを活用
UNIT 8	Who is your hero? 頻度・人物紹介	UNIT 9 [We Can! UNIT9対応]

5、6年生　普通授業＋15分の短時間授業の場合

週に1回の授業＋15分のモジュール学習3回を組んだ場合、短時間授業は100回前後組むことができます。5、6年生ならば、70前後のUNITを1回ずつ練習していくことを目標にします。大切なUNITは2回練習したり、学校コースのドリルを活用して書く練習もおすすめです（モジュール授業の詳しい学び方は後ほどお伝えします）。

POINT 1

前に起きたことを伝えるには、
動作や状態を表わす言葉の形が変わります。
「過去形」といいます。

今、起きていることを伝える言葉の形は、
「現在形」といいます。

go (行く／現在形) - **went** (行った／過去形)
see (見る／現在形) - **saw** (見た／過去形)
is (〜だ／現在形) - **was** (〜だった／過去形)

I went to the mountain in summer.
I enjoyed hiking Mt. Fuji.
It was fun.

聞く ………… 理解する …………
絵で意味を理解　　ポイントを理解

授業で学ぶ内容はInput
→カラオケEnglsihではOutputを練習する

授業では教科書のチャンツや動画教材を活用してInput学習をしていきます。各自声を出したり、書いたりしてOutput練習をするときは、カラオケEnglishの対応UNITやドリルを活用したり、ペアトークをしたり、宿題で音読練習をさせてあげるのがおすすめです（宿題をやったかどうかは、管理画面で確認します）。1時限あるたびに1UNIT分を教室で練習する、あるいは1時限学ぶたびに宿題を出すことで、英語を学ぶ習慣がつきます。

POINT 1

前に起きたことを伝えるには、
動作や状態を表わす言葉の形が変わります。
「過去形」といいます。

今、起きていることを伝える言葉の形は、
「現在形」といいます。

go (行く/現在形) - **went** (行った/過去形)
see (見る/現在形) - **saw** (見た/過去形)
is (〜だ/現在形) - **was** (〜だった/過去形)

⇢ 真似する ⋯⋯⋯⋯⟶ 理解する ⋯⋯⋯⋯⟶ 録音してチェック

A：字幕オフ／声真似　　ポイントを理解　　　　発音を練習
B：字幕オン／文字読み

短時間学習（モジュール授業）への活用

　英語学習はピアノの練習と同じで、週に1回だけ触れても上手にはなりません。少しでも回数が多いほうが習得につながります。授業と15分モジュール授業を合わせた場合、5、6年生なら年間140回近くとなります。例えば15分授業で「カラオケEnglish」を活用する場合、以下のような流れで授業を進めることができます。

15分短時間学習のフロー

❶ **準備タイム（2分）**

　電子黒板やパソコン、タブレットとWi-Fi（ワイファイ）を接続します。

❷ **先生のお話タイム（3分）**

　事前にポイント解説や動画（5、6年生学校コースには、UNIT解説動画がついています）をご覧いただき、先生の言葉でポイントを伝えていきましょう。

❸ **カラオケEnglish音読タイム（5分）**

　UNITのスタートからフィニッシュまで完了すると、スタンプを獲得できる仕組みとなっています。まずは5分集中してスタンプを獲得することを目標にしてみましょう。音読をするときにイヤホンがあれば、より自分の録音した声やモデル音声に集中できますが、みんなが発音している様子を聞くのもよい勉強になります。

❹ **ペアトーク or ドリル（5分）**

　一つのイラストだけを見て、二人で学んだ会話を再現する練習をしてもらいましょう。英語が難しすぎるとき、「単語でもいいよ、日本語でもいいよ」と伝えてトライすることに慣れてもらいましょう。

D 管理画面を活用する

　学校コースで生徒が学習を始めると、自動的にクラスごとの名簿が作成されます。先生は、生徒が何時から何時までどのUNITを学習したか一覧で見られるほか、各児童が録音にしっかり時間をかけているか、スタンプを獲得するためだけに学習しているかなど、学習状況を確認できます（生徒一人ひとりの詳細も確認できます）。きちんと学びにつながっているか？個別に確認することで、個別最適な学習が可能になります。

名前 /ニックネーム ↕	セクション /クラス ↕	学習記録 （最終） ↕	学習日時 （最終） ↕	目標達成 （今日） ↕	学習率 （直近7日） ↕	完 （直
▓▓ ▓▓	▓▓ ▓. 1年生	入門 1 - 45	2020/08/04 20:46	0 / 1	86%	86%
▓▓ ▓▓	▓▓ ▓ 1年生	入門 1 - 24	2020/08/05 05:47	2 / 2	100%	100%
▓▓ ▓▓	▓▓ ▓ 1年生	入門 1 - 70	2020/08/05 08:09	2 / 2	86%	86%
▓▓ ▓▓	▓▓ ▓ 1年生	入門 1 - 72	2020/08/05 18:13	2 / 2	71%	71%

学校版の管理画面ではこんなことがチェックできます。
- 前日出した宿題をやったか
- 休校のとき、サイトに決めた時間にアクセスしているか
- どのコース、どのUNITを学習しているか
- どれくらい勉強しているか
- 録音など、きちんとしているか
- UNIT完了数はいくつか

また生徒に「がんばったね！」「宿題は明後日までにやりましょう」
「来週は休校です」など、個別にメッセージを送ることができます。

評価をするときの基準を持っておく

　5、6年生では、児童の成果を確認してあげる必要があります。学校で「ルーブリック評価」などをご活用の際には、学習の到達基準を以下のように確認していきます。以下は4技能を評価するときの目安です（親ごさんも、お子さんの学習で気をつけてあげてください）。

☑ 聞き取れているか?

　聞き取れているかどうかは、モデル音声をRepeat（緑）するセクションで「しっかり真似できているか?」を確認します。似たような音で再現できていたら、聞き取れています。

☑ 話せているか?

　小学校における「話す」には、意味が二つあります。一つは発音が真似でき、通じるものになっているかということ。もう一つは暗唱したフレーズでコミュニケーションできているか、ということです。「発音」はRecord（ピンク）で録音した音声を確認し、モデル音声に近づいているかチェックしましょう。コミュニケーションできているかは、ペアトークやクラスの発表で例文を使いこなせているか、伝わる声の大きさで話せているかをチェックします。

☑ 読めているか?

　最初にアルファベットを、次に単語を、最後に文章が読めるかをチェックします。文章を読めるかどうかは、Repeat（緑）で字幕をオンにして、文字を指でなぞって読めるかチェックします。

☑ 書けているか?

　アルファベットを書けるかどうかは、「真似をしてアルファベットを書けるか? お手本なしで書けるか?」2段階でチェックします。

※学校版をご活用の場合は、5、6年生向けドリルのトレースの文字を見て、上手に真似して、文章を書けるかどうかをチェックします。

☑ コミュニケーションができているか?

英語の4技能以外にも、コミュニケーションできているかを以下の3つのポイントで確認します。

● **英語を出す声は十分大きいか?**

英語は日本語より少し大きな声を出さないと通じません。恥ずかしがらずに出せているかチェックします。

● **発表をするときに、聞く人の目を見てプレゼンできているか?**

プレゼンテーション能力は社会に出て役立つ大切な技能です。アイコンタクトをしながら人前で上手に発表できているか、決められた時間でできているか、などをチェックします。

● **他の生徒が話をするときに、聞いてあげることができるか?**

● **主体的に取り組んでいるか?**

スタンプを獲得した数は生徒のやる気や継続する意志となります。

カラオケ English 評価基準表

以下の表は、「カラオケEnglish」を活用することで測ることができる、児童のパフォーマンスレベルを項目別に分類したものです。学校で活用される「ルーブリック評価指標」としてもご活用いただけます。小学

年	組 ／ 児童名	／ 学期
評価項目	**カラオケEnglish 活用セクション**	**WOW! 3点**
関心・意欲・態度	学校版の管理画面 学習状況から	積極的に授業参加し、 多くのスタンプを獲得している
聞くスキル	緑 ［字幕オフ］	音声を真似して 大きな声で復唱している
話すスキル	ピンク	録音した声とモデル音声の 発音が似ている
	ペアトークや発表 緑 ［字幕オフ］	例文の意味を理解し、 ペアトークや発表ができる
読むスキル	アルファベットUNIT	大文字、小文字が読める
	学校版のドリル	ドリルクイズを読んで ほぼ全部解ける
	ポイント解説	単語を音声オフで読める
	緑 ［字幕オン］	音声をオフして、 自力で英語を音読できる
書くスキル	アルファベットUNIT	文字を真似して書ける
	学校版のドリル	文章をトレースするのがうまい

校英語で重要なことは、モデル音声を再現できるか、意味を理解して、ペアトークなどでコミュニケーションができるか、ということです。アルファベットや単語を読めるかを確認し、点数化します。

Good Job! 2点	Not so good 1点	点数／30点
授業に大体参加し、まあまあスタンプを獲得している	授業には参加せずスタンプ獲得数も少ない	
音声の一部を復唱できている	音声を復唱することができない	
録音した声とモデル音声の発音がまあまあ似ている	録音した声とモデル音声の発音が似ていない	
例文の意味を大体理解し、ペアトークや発表もできる	例文の意味を理解したり、ペアトークや発表ができない	
大文字、小文字がまあ読める	大文字、小文字が読めない	
ドリルクイズを読んで半分解ける	ドリルクイズを読んで解くことができない	
一部の単語を音声オフで読める	音声オフでは単語は読めない	
音声をオフして、自力で英語を一部音読できる	音声をオフして、自力で英語を音読できない	
文字を真似してまあまあ書ける	文字を真似して書けない	
文章をトレースするのがまあまあうまい	文章をトレースするのがうまくない	
		／30点

音読バリエーションを
持っておく

英語学習は長い道のりです。タブレットを活用しても、毎回同じスタイルで音読させていたのでは子どもは飽きてしまい、音読効果を上げることができません。音読についてご著書もある、立命館小学校・正頭先生は音読学習についてこうおっしゃっています。

「音読は最強の学習法。だけど、なんとなく音読しているようでは、英語は定着しません。目的別に音読し、発音を正して聞く力、話す力をつけ、暗唱することを目的とする必要があります」

本来は発音などをチェックしてくれる訂正者が必要ですが、「カラオケEnglish」の録音セクションは、お手本と自分を比べて、「その発音は、間違っているよ」と自分で認識できるので、アプリが訂正者の代わりになっていきます。

以下は先生の教えをベースに組み立てた、「カラオケEnglish」の音読法です。

生徒が飽きない7つの音読スタイル
- 3、4年生は以下❶〜❸で「音真似」中心に練習をし、発音を上達させましょう。
- 5年生は❶〜❻で文字を追えるまで練習しましょう。
- 6年生は❶〜❼で読む、書く力の基礎を作るように練習しましょう。

❶ 全部カラオケ（赤緑青全ステップ）

ポイント解説も含め、すべてのステップをクリアーしてスタンプを集めさせる。

❷ 録音トワイスカラオケ（赤・録音ステップ）

発音セクションだけを、何度も繰り返し真似して発音を上達させる。

❸ シャドーイングカラオケ（緑・字幕オフ）

すぐにあとを追わせて音読するシャドーイング→聞く耳を育てる。

❹ 指なぞりカラオケ（緑・字幕オン）**5年生、6年生**

黄色い字幕をなぞって聞く→音声と文字をつなげさせる。

❺ 上見てカラオケ（緑・字幕オン）

まずカラオケを見ながら音読→次に上を見て（タブレットなど見ずに）同じ文章を思い出して暗唱を促す。

❻ 思い出しカラオケ／ペアワーク（緑・字幕オフ）

まずは練習→イラストを見て、英文完コピ音読する。

❼ カラオケ・ライティング（青・字幕オン）**6年**

音読をしたあとに、ドリルを活用。スペリングは間違えてよいので、文字に慣れさせる。

しょうとうひでかず｜立命館小学校教諭。1983年、大阪府生まれ。関西外国語大学外国語学部卒業。関西大学大学院修了（外国語教育学修士）。京都市公立中学校、立命館中学校・高等学校を経て現職。全国で学級づくりや授業方法・小学校英語のワークショップなどを行っている。"教育界のノーベル賞"といわれる「Global Teacher Prize 2019」（グローバル・ティーチャー賞）のトップ10に、日本人としては唯一ノミネートされた。
著書『60の技で4技能を圧倒的に伸ばす 英語授業の裏ワザ指導術』『音読指導アイデアBOOK』『子供の未来が変わる 英語の教科書』など。

発音のコツを知っておく

　子どもが声を録音して発音を訂正するとき、先生がアドバイスを与えられたら最高です。発音を教えるのは難しいと感じるかもしれませんが、コツを覚えたら簡単です。アメリカ人が発音するとき、aはエーではなくエア、oはオーではなくア、eはイと発音することが多くあります。つまりオニオンはアニヤンに、ハッピーはヘェアピーに、エコノミーはイコノミーとなります。

　簡単な英語でも聞き取れないのは、大人世代が学校でフォニックスを習っておらず、アニヤンを聞いたときに「アと聞こえるからoから始まるonionかも……」とスペルを推測できないところにあります。aはエー、oはオーとひとたび学んでしまった大人は、スペルと発音の関係を学び直したほうが聞き取りやすくなり、児童の発音をアドバイスできるようになります（フォニックスはジュニア入門にコースがあります。トライしてみましょう）。

9つのアルファベットの発音の仕方

　すべての発音記号やアルファベットの規則性を学ぶには時間がかかりますが、9つならば練習できます。この9つの規則性を学ぶだけで、先生は飛躍的に英語が聞き取れるようになり、音を再現して子どもに指導ができるようになります。できれば鏡を手に、ご自分の口を見ながら練習してみてください。英語を発音するときは、声を大きめに出すのも大切なコツです。

　発音の壁を乗り越えるには、9つのアルファベットの発音の仕方を学んでみましょう。

　発音は動画のほうがわかりやすいので、こちらのQRコードからご覧ください。

解説movieでcheck!

9つのアルファベット
の発音

発音の壁

a の発音

解説 movie で check!

a はアでなくて、ェの口でアと発音する傾向があります。

❶ 日本語のエを発音するときの口の形を作って、
え？ と驚くときのエを声に出してみましょう。

❷ エの口から日本語のアという音を発音します。発音記号は æ となります。

❸ 以下を言ってみましょう。「エの口で、ア」（勢いよく声に出します）。
この音が a です。

カタカナで書きやすいものは、イメージ音をつけます。以下のものを
3回ずつ発音しましょう。

apple	ǽpl	ェアポー
ant	ǽnt	ェアント
accessory	ǽksésəri	ェクセサェアリー
anchor	ǽŋkər	ェアンカー
happy	hǽpi	ヘェアピィ
alligator	ǽləgeitər	ェリゲーラー
back	bǽk	ベェアーック

10回繰り返しましょう。

i の発音

解説movieでcheck!

iはイではなく、エに近い発音となる傾向があります。

❶ **日本語のイを発音するときの口の形を作ってみましょう。**
（インド、と言うときのイ）

❷ **イの口からエという音を発音してみましょう。**

❸ **以下を言ってみましょう。イとエの中間、この音がiです。**

if	if	イの口でエフ
lip	lip	イの口でリェプ
pig	pig	イの口でピェッグ
in	in	イの口でエン
ink	ink	イの口でエンク
impossible	impasəbl	イの口でエンポースィボー

ェティーズ・ェンポァーセェボーが、It is impossibleとなります。

u の発音

解説movieでcheck!

uをアと読む傾向があります。

❶ **日本語のアを発音するときの口の形を作りましょう。**（あ?と 驚くときのア）

❷ **アという音を発音してみます。**

❸ **以下を言ってみましょう。uはウではなく、アと発音します。**

umbrella	ʌmbrélə	アンブレラ
up	ʌp	アップ
lunch	lʌntʃ	ランチ
bus	bʌs	バス
under	ʌ́ndər	アンダー
sun	sʌn	サン
uncle	ʌ́ŋkl	アンコー

e の発音

解説movieでcheck!

eはイ、または笑いながらエと発音する
2つのタイプがあります。

❶ **日本語のイ、またはエを発音するときの口の形を作りましょう。**
（いやだ～！と言うときのイ、エッと驚くときのエ）

❷ **イ、またはエと、素直に発音してみます。**

❸ **以下を言ってみましょう。イまたはエ、この音が e です。**

以下、カタカナで書きやすいものは、イメージ音をつけます。

イのとき

eve	i:v	イーヴ
scene	si:n	スィーン
theme	θi:m	
complete	kəmplí:t	カンプリートゥ

エのとき

egg	ég	エーッグ
empty	empti	エンプティ
enter	éntər	

161

の発音

解説movieでcheck!

oはオではなく、アと発音される傾向にあります。

❶ 日本語アを発音するときの口の形を作ります。
（あ? と小さな声で、驚くときのア）

❷ アという音を発音してみましょう。

❸ 以下を3回ずつ言ってみましょう。オではなく、アと発音します。

fox	faks	ファークス
hot	hɑt	ハーットゥ
onion	ʌ́njən	アニヤン
oven	ʌ́vn	アーヴン
stop	stap	スタープ
not	nɑt	ナァトゥ

It's so hot. ハートッと言われたときに、誰かの帽子を見上げないようにしましょう。

日本人にとって発音の難関、rとlの発音練習をしましょう

　これはマスターするのに相当時間がかかります。だからできなくてもがっかりしないでください。rとlは「口角と舌の筋肉」がつかなければ発することのできないアルファベット、lはニコニコしなくては発することのできない音です。鏡なしで学ぶことはできません。携帯のカメラでもよいので、まずはご自分の口をじーっくり見てください。

r の発音

解説 movie で check!

舌をくるりと巻いて、お腹からなにか吐くようなイメージで
(汚くてすみません！)勢いよく発音します。r から始まる単語は、最初はウの
口から発声します。鏡でご自分の顔を見て、口が小さく丸くなっているか
を確認してください。

❶ 口をすぼめてウの形にする（口の周りにシワができるくらい）**。**
ギュッと力を入れて。舌に力を入れ、
くるりとロール巻きにさせた感じにする。

❷ トイレに行ったと思って、勢いよくウェーッと吐くような声を
出してください。はい！ これが r のときの舌の形です。
「舌は巻かれているが、上にはついていない状況」です。

❸ 以下を、ウという口→舌ロール巻きをしたまま読んでみましょう。

rose	(u) róuz	舌くるり、忘れていませんか？
robot	(u) róubɑt	舌、どこかについていませんか？
rain	(u) rein	ウから発音していますか？
red	(u) red	レと発音していませんか？ それは間違いです。
run	(u) rʌn	ラと発音していますか？ ウェーッと吐くような感じです。
rabbit	(u) ræbit	ウから発音して、舌くるり、していますか？

※ここでは発音記号の前に、わざと(u)をつけました。舌が口のどこかについてしまったら、やり
　直ししましょう。

L の発音

解説 movie で check!

ニコニコ顔で、舌はチェッと舌うちするように
歯の裏につけて発音します。

❶ 笑って口角を上げましょう（ニコニコ顔に）。
ほっぺに団子ができている感じです。

❷ **舌は軽く上の歯の裏につけます**
（ちょっとだけです。べたっとつけない。歯茎と歯の間に舌を軽くつける）。

❸ **勢いよくラ、リ、ル、レ、ロと発音します。**

lily	líli	ニコニコしていますか？
light	lait	舌は歯と歯茎の間にちょこっとついていますか？
lion	láiən	ライオンじゃないですよー。ライアンです。
lamp	læmp	ニコニコしながら、レェアーンプですよ。
letter	létər	er は r があるから、舌くるりしていますか？
glass	glæs	グラスじゃないです。ニコニコしてグレェアースですよ。

r と l の連続発音練習　解説 movie で check!

一つできても、二つの単語が並ぶと日本人は苦手です。

rならば、口をウの口にします。舌はくるりと巻くけれど、宙に浮かしてください。lならば、口はニコニコ顔で、舌は歯と歯茎の間につけます。以下を声に出して読みましょう。rはウ(u)から強く舌を巻いて発音してください。lはニコニコ顔で、舌はちょこっとつける、がポイントです。

(u)ra / la
(u)ri / li
(u)ru / lu
(u)re / le
(u)ro / lo

すべてが違うサウンドになっていますか? ra と la は大違いです。似ていたらやり直しましょう。

次に以下を声に出して読みましょう。rは口をすぼめて(u)から発音します。rとlを間違えると意味が全然変わってしまいます。

(u)rice / lice	米／シラミ
(u)right / light	右／軽い
(u)wrong / long	間違った／長い
(u)rock / lock	石／かぎの錠
(u)rate / late	割合／遅い
(u)fry / fly	揚げる／飛ぶ
(u)fresh / flesh	新鮮な／肉
(u)grass / glass	葉っぱ／グラス
(u)berry / belly	ベリー／お腹
(u)rink / link	スケート場／リンク

W の発音

解説 movie で check !

wは「ホ」「フ」という発音しそうですが、
ウから始まるアルファベットです。

❶ 口をすぼめてウの形にしましょう。

❷ ホやフではなく、ウから勢いよく発音をします。

ここでも発音記号の前に、わざと(u)をつけました。口をウにして、吐くような感じで発音してください。以下、カタカナで書きやすいものは、イメージ音をつけます。

well	(u)wel	ウェオ
which	(u)hwítʃ	ウィッチ
web	(u)web	ウェッブ
window	(u)wíndou	ウィンドォ
where	(u)hwɛər	

th の発音

解説 movie で check !

thは舌を挟んで発音しますが、
挟む量はそんなに多くはありません。

❶ 舌の先端を4mmほど（ちょっとだけです）軽く上下の歯で挟んで、
ス、またはズ（ダとの中間の音に近い）を発音します。

❷ 日本人はカタカナのザ、ダで発音してしまいがちですが、
thは日本語にはない音です。

❸ 以下を言ってみましょう。舌の先端が歯から長く出ていたら、
正しい発音にはなりません。

歯に4mm舌を挟んでスと発音するとき

thank	θ æŋk
thing	θ iŋ
north	nɔːrθ
bath	bæ θ

歯に4mm舌を挟んでズと発音するとき

those	ðouz
this	ðis
mother	mʌðər
bother	bɑðər

学習効果
アップのために **6**

英語の特徴を理解しておく

　小学校の外国語活動は、中学で英語を学ぶ子どもたちに準備をさせてあげる期間です。英語という言語の特徴について、親や先生が心に留めておくと、英語学習をナビゲートしやすくなります。以下の4点に留意しましょう。

❶ 中学文法は計算と同じであると認識する

　中学で学ぶ英語は、計算と同じようなものです。be動詞が足し算なら、助動詞が引き算、一般動詞が掛け算、一般動詞過去形が割り算のような存在です。小学校を卒業し中学1年になると、それらの計算を可哀想なほどスピーディーに学んでいくこととなります。できれば

小学校時代に足し算、引き算くらいまでできることを目指すと、中学で子どもは楽になります。

❷ 「誰」が「何をした」を伝える言語であると認識する

英語圏は、いろいろな人種の集合体であることが多いためか、「誰が、何をしたか」つまり主語、動詞を明確にします。日本語で「夕ごはん食べたよ」は、英語では必ず、I（誰が）ate（食べた）dinner（夕ごはんを）となります。英語においては、必ず「誰が」「何が」という主語を文の頭にもってくることに慣れてもらえるよう、心がけましょう。

❸ 英語は、人が変わると動詞が変わることを認識する

小学校英語でもI am a boy.　You are a boy.　He is a boyと、主語が変わればbe動詞が変化をする例文が出てきます。I play the piano.　She plays the pianoと、主語が変われればplayにsがついたりする一般動詞三人称単数の例文も出てきます。詳しい説明をする必要はありませんが、「誰が」が変わると「何した」を示す動詞の形が変わるという英語の特徴を、教える側が認識しておくことは大切です。

❹ 時が変われば動詞が変わる（時制）ことを認識する

中学で学ぶ英語の要は「時制」です。英語の動詞は「今のこと（現在）、前のこと（過去）、先のこと（未来）」のどれについて話すかで、動詞の形がクルクル変わります。

例えばdrinkという単語だけでも、右の表のように変化します。

前のこと	今のこと	先のこと
3. 過去形 過去にコーヒーを 飲んだと伝える I drank coffee yesterday.	**1. 現在形** コーヒーを飲む 習慣があると伝える I drink coffee.	**5. 未来形** コーヒーを未来に 飲むつもりだと伝える I will drink coffee after dinner.
4. 過去進行形 過去のあるとき、 ちょうど飲んでいたと 伝える When you called me, I was drinking coffee.	**2. 現在進行形** 現在まさに、 コーヒーを飲んでいる ところだと伝える I am drinking coffee right now.	**未来進行形** 未来に〜したら、 コーヒーを飲むつもり だと伝える I will be drinking coffee in a few minutes.
過去完了形 もし過去に コーヒーを飲んでいたら 〜だったろうと伝える If I had drunk coffee, I would have been awake.	**6. 現在完了形** 過去と現在の間で コーヒーを飲んだ と伝える I have drunk three cups of coffee since this morning.	**未来完了形** 今日の終わりには、 コーヒーをこれくらい 飲んだと伝える I will have drunk ten cups of coffee by the end of the day.

　小学校6年の教科書では、過去形例文が出てきて、I swim は I swam、I go は I wentと変化することを学びます。「難しいのでは」と心配になるかもしれませんが、中学で主に学ぶのは、以上の表から6つの時制となります。

　中学ではたくさんの動詞の変化を学びます。「小学校で過去形を学ぶのは難しいだろう」と壁を作らず、「時が変われば動詞の形が変わるんだよ、面白いね!」と気楽にかまえてあげることも重要です。先生は、教えるプロ、そしてコミュニケーションのプロです。デジタル教材のサポートがあれば、英語を教える際の心配は不要です。楽しい英語の世界に、子どもたちをナビゲートしてあげてください。

「読み書き」は
こうやって鍛える

　小学校英語から一歩進んだ英語の「読み書き」の学習法についても少し触れておきましょう。

　一般的に、中学文法ができればある程度の英文が読めるようになり、高校文法ができれば、学術書でも理解できるといわれています。読解力をつけるのに単語力は必要です。とはいえ、どんな単語も覚える必要があるかというとそうではなく、極端な話、自分が一生使わないと思った単語は捨ててもかまいません。自分が必要だと思う単語だけ覚え、あとは推測するトレーニングをするほうが効率的です（単語を推測するためには「英語の語源」を知っておくと便利です。inがついたら中に、exがついたら外という意味になる傾向がある、ということを覚えてしまうのです）。

　4技能の中で一番難しいのは「書く技術」です。私自身も大学時代はかなり苦労し、いまだに勉強中です。先日英語で料理本を出版しましたが（Rika's Modern Japanese Home Cooking）、その執筆も決して楽なことではありませんでした。でも外国の人にどうやったら日本料理に親しんでいただけるか、改めて考えるいいチャンスとなりました。

　まだまだ修業中の私ですが、書くことに関しては、気をつけているポイントが二つあります。

　一つ目は、シンプルに書くということ。外国語で書くのに、かっ

こつける必要はありません。とにかく相手に伝えたいことが、伝わるように書くことを意識します。

二つ目は、ストラクチャー、つまり文の構造を大事にすることです。文の構造は英語と日本語ではまったく違います。日本語には起承転結というのがありますが、英語は最初に結論ありきの言語。英語は一文から一段落、さらにもっと長い文章まで、常に「誰が、どうした」が必ず先に来るようになっています。そのルールを守らずに外国人が理解する文章を書くことは不可能です。

英語で文章を書くときは、❶言いたいことを明確にして、ポイントを3つくらいまでに絞る ❷平易な文章で書く ❸英語のストラクチャーを守る、という3点を心に留めて書いてみてください。

ちなみに、「書く技術」はスピーチやプレゼンを見聞きすることでも鍛えられます。大人でしたら、TED Talksなどを見て文章の構成を学ぶといいかもしれません。ただし、読み流したり、聞き流していたのでは、表現する力は育ちません。人を惹きつけ、納得させる文章を書くには、聞いたこと、読んだことを「自分の言葉で表現する」練習が必要となります。

最も磨くのが難しい「書く力」ですが、最近はAIによる著しい進化で、翻訳サービスも充実しています。グーグル翻訳は無料で有名ですが、その他DeepLなどの有料サービスを使えば、長文を一括変換することもできます。またGrammarlyやGingerなど英文法や英文構成をチェックしてくれるサービスもあります。これからの時代は、無からすべてを書き起こすのではなく、ある程度AIサービスを活用し、調整しながら書き上げていくことが可能となります。

例えば、地方で観光に携わる方々が、英語に自信がなくても、AIサービスを活用して、メニューを作ったり、商品説明をしたり、

宿の特徴を伝えたり、何かをスタートアップすることはできる時代になっています。

親だって小学校の先生だって、自分が子どもたちに伝えたい言葉は、どんどんAIサービスを活用して、英語にして、一生懸命発言していきましょう。そのチャレンジする姿が、子どもにとって大きな励みとなり、学びとなります。間違って恥ずかしいことなど、一つもありません。

AIがある時代だからこそ、大切なことは「正しい英語を書く」ことではなく、「読み手にとって、意味のあることを書く」ことが大切になります。小学生のうちから英語を書くトレーニングに躍起になることより、日本語で日記を書かせたり、レポートを書かせたりして、「何かを表現するトレーニング」を積むことが、より大切になると思います。

大切なことは、子どもが発言する機会を持つことです。「どんなことがあったの?」と聞いて出来事を要約する力をつけさせ、人前で話すことに慣れさせておく。そして「まとめて書かせる」トレーニングをする。英語にしばられず、表現をすることに注力を注ぐのが、これからの教育では大切ではないかと思います。

ちなみに、ここにP171からの「最も磨くのが難しい〜」の文章を自動翻訳し、文法チェックをAIを活用して5秒で作った英文を載せておきます。間違いがあっても、「ちゃんと伝わる英語」になっています。便利な時代になりましたね!

In this age of AI, it is essential not to write correct English, but to write something meaningful for the reader.
I think it is more important to train children to express

themselves by having them write diaries and reports in Japanese, rather than being too eager to train them to write in English from the time they are in elementary school.

The first thing is to give your child a chance to speak up. 'What happened?' and help them develop their ability to summarize events by asking, "What's going on?" and get them used to public speaking. Then, ask them to "write a summary." I think it's vital in the future of education to focus on expressing oneself and not getting persistent about writing the right English.

　AIは私たちに「読む・書く」力は与えてくれます。でも「聞く・話す」力は自力で学ぶしかありません。ぜひみなさまも子どもたちと一緒に二人三脚で英語学習を楽しんでください。

第 **10** 章

終わりに

「カラオケEnglish」に出てくるキャラクターは、私の会社で作っている小学生向け学習サイト「なるほど！エージェント」のキャラクターが中心です。キャラクター設定にあたり、制作スタッフと考えたのは、「現実の世界に生きている人間のようなキャラクターを作ろう」ということでした。リアルな人生には、お金や恋、子育て、ダイエット、住まいの問題といった多くの悩みがあります。だから、キャラクターにも同じような問題を体験してもらい、英語例文に、いろんな悩みも入れて、自然な会話文にしていくことにしました。でも、私たちが目指したのは、英語だけを上手になってもらうことだけではありません。学習を通して、学ぶ人たちに「自分が知らない広い世界」に興味を持ってもらうことでもあります。

　これまでは、具体的な英語の学び方だけをご紹介してきましたが、改めてキャラクターワールドに込められたストーリーを読んでいただき、私たちが目指す世界観をご理解いただけたら幸いです。よろしければぜひ、お子さんにも共有してあげてください。

「カラオケEnglish」に登場する主なキャラクター。

カラオケEnglishキャラクターたちの背景
Naruhodo物語

Naruhodo諸島

　とある豊かな海の、とある片隅に「Naruhodo諸島」があります。その島々では、人間やロボット、さまざまな動物たちが一緒に暮らし、分け隔てなく支え合っています。Naruhodo諸島には、島随一の大都会「フューチャーランド」、農作物を産出する「ファームランド」、アメリカの西部のような未開地である「ウェスタンランド」、「カラオケEnglish」の登場人物たちの多くが住む穏やかな島「ポートランド」などがあり、それぞれの島が伝統や特徴を生か

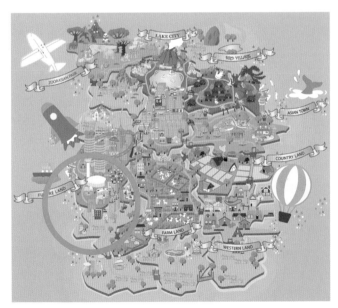

Naruhodo諸島
キャラクターの多くが住んでいるのは○で囲まれたポートランド島。他にもいろんな島があり、橋で行き来できる。

して発展し続けています。諸島の公用語は英語です。

　この不思議な島々には、島民が守らなければならない掟があります。それが「働かざるもの、住むべからず」という〈キンベン島民ルール〉です。国では、一人ひとりがキンベンになるよう、仕事が与えられます。赤ちゃんの仕事は、ミルクを飲み、泣き叫んで周りに迷惑をかけること。子どもの仕事は、夢を思い描き、経験と失敗を繰り返すこと。大人の仕事は、子どもの頃に思い描いた夢の一つを、人生に一度は職業として選び、40パーセントの税金を払って諸島を支えること。そして老人の仕事は、生きて得た知恵を、島民と分かち合うこと。みんなそれぞれの範囲で、できる限りこのルールを守ることが、諸島で暮らすための条件となっています。

島民の暮らし

　『豊かな暮らしが、豊かな未来を作る』というNaruhodo政府の考えのもと、「それなりの仕事をした」と政府から認定を受けると、それなりの給料が公用通貨ナールで支払われます。また島民は13歳になると大人とみなされ、格安の値段で土地の提供が受けられます。働いて得たお金で家を建てることを奨励され、低金利

の住宅ローンを借りることもできます。島民は、公民館常駐のボランティア建築家やデザイナーと話をして、トスカーナ風、インド風、和風、北欧風などの建築スタイルから好みのデザインを選び、家を建て、家具を買ったりすることができます。税金は高いNaruhodo諸島なのですが、それなりに工夫をして、それなりに心地よい暮らしをしているので、島民は満足した生活を送っています。

　傾きかけた雑居ビルに入っている会社が、「なるほど！エージェント」、子どもたちの疑問に答える調査会社です。かつては優秀

ボースの家　外観
イタリアのトスカーナ風の建物裏にはぶどう畑や果樹園がある。いつかワインを造るのが彼女の夢。

ボースの家　インテリア
みんなが座れる大きなテーブルがある。料理が大好きなので仲間を集めては、おいしいごはんをふるまっている。

クマサンの家　外観
赤い壁のスウェーデン風建築。いつも窓辺にはキャンドルを灯している。

クマサンの家　インテリア
壁には年代もののはちみつと、釣り好きクマサンが誇る魚拓が飾られている。いつも娘たちに部屋を汚されて怒っている。

なるほど！エージェント
多くの「カラオケEnglish」のキャラクターたちが住む「ポートランド」の
ダウンタウンには、彼らが勤める会社もあります。

なスタッフを揃え、島の未来を支える子どもたちを支える機関と
して、有名な調査機関でした。ところが島の財政難もあって、民
営化されることになり、その社長として選ばれたのが、「カラオケ
English」によく登場するボースです。彼女はその昔、美しき諜報
部員として世界中を駆け巡り、子どもの未来に役立つ情報をあり
とあらゆる形で収集、提供してきました。その美貌と活躍は、世
界中に知れわたり、島の『ナール紙幣』の肖像画に選ばれたほど
です。でも最近は、資金繰りに苦しみながら、動物やロボットたち
を雇い、なんとか会社を存続させている状況。ストレスで甘いも
のを食べて激太りしてしまったので、かつての面影はありません。
　「なるほど！エージェント」は、世間からは「できそこないの調査
会社」と笑われています。でも社長・ボースは信じています。「子ど
もたちの『なぜなぜ、どうして』がなくなったら、あたしたちゃ、終
わりだよ。すべては、一つの疑問から始まるんだ。知りたいという
情熱が未来を創るんだ。子どもの好奇心は宝物さ」と。子どもの

質問が続く限り、そして倒産に追い込まれない限り、ボースは「なるほど！エージェント」を続けていきたいと思っています。

テーマソングはこちら

みんなが学ぶと豊かになる諸島

　「なるほど！エージェント」で働いている「カラオケEnglish」のキャラクターたちは、ボースとコネリー、そしてロボット（オレンジやブルー）以外は、頼まれた仕事をこなすので精いっぱいなスタッフたちです。でも島には想像を超える頭脳を持った数学者、経済学者、物理学者も存在します。数年前、ある学者が、島民の誰かが何かを学び、「なるほど〜！」とつぶやいた瞬間に放出される「知恵のエネルギー」を、貨幣に変換する方法を見つけました。結果Naruhodo諸島は、ほんの少し、豊かになりました。

　島の政府のモットーは、「百者学楽（ひゃくしゃがくらく）」。人間からロボットまで、皆それぞれが学んで知識を得て、それなりに楽しんで暮らせるようにという思いが込められています。また、それぞれの島民が楽しい生活を送ることができてこそ、周りの人や、島以外の国々を思いやり、よりよい世界を築けるだろうという信念も込められています。

　子どもからおばあさん、おじいさんまで、一生何かを学び続けられて、その知恵で周りの人や動物たちの、そして世界のお役に立てるのなら、こんなに素敵なことはありません。みなさんもぜひ、お子さまと一緒に「なるほど！エージェント」や「カラオケEnglish」で、毎日新しいことを学びながら、「百者学楽」を実現していってください！

——The End

安河内哲也先生との対談

英語教育で著名な安河内哲也先生と対談をした動画へのリンクです。
お互い福岡出身なので、博多弁で「英語の学び方」について
お話をさせていただいています(笑)。

英語上達への
近道

小学生からの
英語教育、
何を教える?

発音を
よくするには

英語は20歳が
最初のゴール

音読の大切さ

なぜ英語を
学ぶのか?

アウトプットって
どうすれば
いいの?

コミュニケーション
スキルの
身につけ方

英語は
耳から学ぼう

子どもの
モチベーション
の上げ方

デジタルの活用で
効率のよい
学習を

単語力、
どう上げる?

佐藤昌宏先生との対談

EdTech 教育をリードされる佐藤昌宏先生と、ICT 教育で変わる未来について対談をしたリンクです。これから始まる GIGA スクール構想で、何が変わるのか？ 興味がある親ごさんや先生におすすめです。

現場の先生
困りごと

IT 活用で
変わる学び方

EdTech が
進むと、
何が起こる？

教育の質は
どうやって
担保する？

学習ログの
活用で、先生の
役割は変わる

カラオケEnglishスタッフリスト

キャラクターデザイン&イラスト

木津孝次郎　山形知大　森マサコ　いとうみつる　池内リリー

サイトデザイン

矢吹瑠美　石見俊太郎

システムデザイン

山之内隆弘

コピーライト

若井公一

企画開発協力

富野かりん　富野さくら

英語監修

後藤エリカ　宇都宮まどか

協力

浜田美穂

プロデュース

行正り香

ブックデザイン

阿部早紀子

音から学ぶ小学生英語

2021年2月22日　第1版第1刷発行

著　　者　　行正り香
発 行 者　　株式会社 新泉社
　　　　　　東京都文京区湯島1-2-5　聖堂前ビル
　　　　　　電話　03-5296-9620
　　　　　　Fax　03-5296-9621

印刷・製本　株式会社 東京印書館

©Yukimasa Rika 2021 Printed in Japan
ISBN978-4-7877-2029-0　C0082